RIEMANN
VERLAG

Mikal Hem

Wie werde ich ein guter Diktator?

Schnell aufsteigen –
lange bleiben –
viel Geld machen

Aus dem Norwegischen von Frank Zuber

RIEMANN
VERLAG

Die norwegische Originalausgabe erschien 2012 unter dem Titel
»Kanskje jeg kan bli diktator. En håndbok« bei Pax Forlag A.S., Oslo.
Die Übersetzung dieses Werks aus dem Norwegischen
wurde von NORLA (Förderorganisation für Norwegische Literatur im
Ausland) finanziell unterstützt. Der Verlag bedankt sich hierfür.

Das für dieses Buch aus 100 % Recyclingfasern hergestellte und mit
dem blauen Engel ausgezeichnete Papier *Top Recycling Pure*
von Lenzing Papier, Austria liefert Carl Berberich.

1. Auflage
Deutsche Erstausgabe
© 2014 Riemann Verlag, München
in der Verlagsgruppe Random House GmbH
Lektorat: Ralf Lay, Mönchengladbach
Bildredaktion: Dietlinde Orendi
Satz: EDV-Fotosatz Huber/Verlagsservice G. Pfeifer, Germering
Druck und Bindung: GGP Media GmbH, Pößneck
Printed in Germany
ISBN 978-3-570-50167-2
www.riemann-verlag.de

Inhalt

Die Vorzüge der Diktatur

Es gibt gute Gründe, nach Macht zu streben. Wer an der Macht ist, hat Einfluss oder sogar volle Kontrolle, er hat viele Bewunderer und ist in den meisten Fällen stinkreich. Leider jedoch sind der politischen Macht des Individuums in westlichen Demokratien Grenzen gesetzt. Als demokratisch gewählter Regierungschef müssen Sie Rücksicht auf die Opposition und den Wankelmut der Wähler nehmen. Sie laufen permanent Gefahr, von Ihrem Volk abgewählt zu werden.

Als Diktator dagegen ist Ihr Spielraum ungleich größer. Ohne lästige Oppositionspolitiker oder vorwitzige Medien steht Ihren politischen und privaten Zielen weitaus weniger im Weg. Zum Beispiel können Sie ein enormes Vermögen anhäufen, ohne dass die Allgemeinheit, die Presse oder gar Behörden davon Wind bekommen. Und sollte jemand die Frechheit besitzen, Ihre privaten Geschäfte offenzulegen, können Sie rasch die Gesetze ändern und derlei subversives Benehmen für strafbar erklären. Nehmen Sie sich ein Beispiel an Aserbaidschans Präsident Ilham Aliyev. Er und seine Familie kontrollieren den Großteil der wichtigsten Wirtschaftszweige des Landes: Öl, Telekommunikationsgesellschaften und Tiefbau. Nachdem dies an die Öffentlichkeit gelangt war, erließ das aserbaidschanische Parlament im Juni 2012 eine Reihe von Gesetzen, die dem

Präsidenten und seiner Frau Immunität gegen jedwede Straf-verfolgung garantieren. Ein weiteres Gesetz verbot den Medien, die geschäftlichen Aktivitäten einer Person ohne deren Zustimmung publik zu machen.

Die Mehrheit der Menschen, die behaupten, Gott zu sein, landen in der Psychiatrie. Unter Diktatoren hingegen ist es völlig normal, sich auf eine Stufe mit Gott zu stellen. Rafael Trujillo, Alleinherrscher der Dominikanischen Republik von 1930 bis 1961, ließ in der Hauptstadt (die damals übrigens »Ciudad Trujillo« hieß) einen riesigen Neon-Schriftzug errichten: »Dios y Trujillo« – »Gott und Trujillo«. Die Kirchen des Landes mussten den Slogan »Dios en cielo, Trujillo en tierra« aufhängen (»Gott im Himmel, Trujillo auf Erden«). Im Nachbarland Haiti ging François »Papa Doc« Duvalier noch einen Schritt weiter und rief sich zum obersten Heiligen der einheimischen Voodoo-Religion aus. Ali Soilih, der in den Siebzigerjahren über den Inselstaat der Komoren in der Straße von Mosambik herrschte, sagte: »Ich bin euer Gott und Lehrer, ich bin der göttliche Weg, ich bin die Fackel, die im Dunkeln leuchtet. Es gibt keinen anderen Gott als Ali Soilih.«

Während andere Staatschefs die Wünsche und Bedürfnisse der Bevölkerung berücksichtigen müssen, wenn sie Bauwerke und eine Infrastruktur errichten, lassen sich Diktatoren von solch kleinlichen Belangen nicht einschränken. Sie können himmelhohe Türme, prunkvolle Paläste, riesige Monumente und andere Prestigebauten ohne das Urteil der Wähler und ohne vorherige Ausschreibung hochziehen lassen. Die größte Kirche der Welt steht nicht in Rom, sondern in Yamoussoukro im Staat Elfenbeinküste. Erbauen ließ sie Félix Houphouët-Boigny, der dort 33 Jahre lang Präsident war. Die Kirche hat 11 000 Steh- und 7000 Sitzplätze mit eingebauten Lüftungskanälen, um die Gläubigen zu klimatisieren, dennoch steht sie größtenteils leer. In Turkmenistan gab Saparmyrat Nyýazow (genannt »Turkmenbaschi«, der »Vater aller Turkmenen«) Milliarden von Petrodollars aus, um die Hauptstadt in eine weiß glänzende Marmormetropole zu verwandeln. Andere Diktatoren gehen noch weiter. Than Shwe in Burma und Nursultan Nasarbajew in Kasachstan stampften völlig neue Hauptstädte aus dem Boden.

Diktatoren bleiben in der Regel länger an der Macht als ihre demokratischen Kollegen. Die Liste der am längsten amtierenden Staatschefs wird von Despoten angeführt. Demokraten indessen sitzen zu Beginn ihrer Regierungsperiode fester im Sattel. Die Wahrscheinlichkeit, dass sie in den ersten sechs Monaten nach Amtsantritt wieder abgesetzt werden, liegt bei knapp 30 Prozent, bei autoritären Staatsoberhäuptern dagegen beträgt sie fast 50 Prozent. Danach übernehmen die Diktatoren die Führung in der Statistik. Ein demokratisch gewählter Regierungschef, der das erste halbe Jahr im Amt überstanden hat, wird mit einer Wahrscheinlichkeit von 43 Prozent innerhalb der nächsten zwei Jahre seinen Job verlieren, bei autoritären Herrschern beträgt dieser Prozentsatz nur 29. Lediglich 4 Prozent der Demokraten bleiben zehn Jahre oder länger an der Macht, unter Diktatoren ist diese Wahrscheinlichkeit mehr als doppelt so hoch: 11 Prozent schaffen zehn Jahre oder mehr.

Zu den lustigen Seiten des Diktatorenalltags zählt die Einführung absonderlicher Gesetze. Der rumänische Staatspräsident Nicolae Ceaușescu verbot die Benutzung von Schreibmaschinen ohne offizielle Erlaubnis. Eines seiner bizarrsten Gesetze erließ er, um die Geburtenrate in die Höhe zu treiben: Verhütungsmittel waren verboten, und kinderlose Frauen mussten eine Sondersteuer bezahlen, egal aus welchen Gründen sie keine Kinder hatten. Aufklärungsbücher und Sexualitätsratgeber wurden als Staatsgeheimnis betrachtet und waren nur als medizinische Lehrbücher zugelassen. »Der Fötus ist sozialisiertes Eigentum der ganzen Gesellschaft. Jeder, der keine Kinder bekommt, ist ein Deserteur«, hieß es von staatlicher Seite.

Ceaușescu verbot allen Nachrichtensprecherinnen, Schmuck zu tragen, was sich der selige Turkmenbaschi Nyýazow vielleicht zum Vorbild nahm, als er ein Schminkverbot für dieselbe Branche erließ. Des Weiteren untersagte Nyýazow Playback bei öffentlichen Konzerten.

Ajatollah Ruhollah Khomeini ging noch einen Schritt weiter. Nach der iranischen Revolution, die ihn 1979 an die Macht brachte, war eine Zeit lang jede Musik verboten. »Musik verdummt die Hörer und macht ihr Gehirn passiv und frivol. [...] Wenn ihr wollt, dass euer Land unabhängig bleibt, müsst ihr die Musik unterdrücken, ohne Furcht, deswegen altmodisch genannt zu werden«, predigte Khomeini. Seine Revolutionsgarden durchsuchten Wohnungen und beschlagnahmten Instrumente, Schallplatten und Videos.

Für Sie als Diktator gelten solche Restriktionen natürlich nicht. Während die Garden Straßensperren errichteten und Autoradios mit Kassettenrekordern aus den Fahrzeugen rissen, genossen die Enkel des Ajatollahs Klavierunterricht bei einem renommierten Musiker.

Ein weiterer Vorteil des Daseins als Despot sind die Superlative und unschlagbaren Eigenschaften, die Ihnen anhaften. Diktatoren sind akademische Genies, meisterhafte Autoren und unübertroffene Geschäftsleute. Besonders tüchtig sind sie als Sportler. 1994 meldeten die nordkoreanischen Medien, ihr geliebter Führer Kim Jong-il habe bei einer Runde Golf fünf Hole-in-one geschlagen, und das beim ersten Spiel seines Lebens. Der Herrscher endete mit 38 unter Par auf 18 Löchern.

Kim Jong-il war das große Vorbild aller nordkoreanischen Sportler. Als die Marathonläuferin Jong Song-ok bei der

Leichtathletik-Weltmeisterschaft 1999 in Sevilla Gold gewann, sagte sie: »Ich hatte das Bild unseres Führers vor Augen, es hat mich inspiriert.«

Ugandas Diktator Idi Amin bestand darauf, die afrikanische Meisterschaft im Amateurboxen durch einen Kampf zwischen ihm und Peter Seruwagi, dem Trainer des ugandischen Teams, selbst zu eröffnen. Amin gewann natürlich haushoch. Unter der bescheidenen Überschrift »Boxer of the year« konnten seine Landsleute am nächsten Tag in der Zeitung lesen: »Der Ringrichter musste den Kampf in der zweiten Runde abbrechen, um Seruwagi mehr Prügel zu ersparen.«

Auch Gurbanguly Berdimuhamedow, genannt »Der Beschützer« und seit 2006 Staats- und Regierungschef in Turkmenistan, ist ein sportlicher Diktator. Unter anderem besitzt er den schwarzen Gürtel in Taekwondo und Karate. Als das Land im Jahr 2012 sein erstes Autorennen arrangierte, befand der Präsident einen Überraschungsbesuch für angebracht. Stilvoll fuhr er in einem Bugatti Veyron vor – einem der schnellsten und teuersten Autos der Welt und Traum eines jeden Diktators – und bat um Starterlaubnis. Zufällig hatten die Veranstalter Rennkleidung in der Größe des Präsidenten bereit, und er stieg in einen türkischen Volkicar um. Berdimuhamedow gab Gas und setzte eine Richtzeit, die keiner der Rennfahrer zu übertreffen wagte. Der Volkicar wurde sofort ins Nationale Sportmuseum gestellt.

Aber eine Diktatur bedeutet nicht nur Spiel und Spaß für den Diktator selbst. Nein, er muss auch dafür sorgen, dass seine Untertanen ausreichend mit Spielen versorgt sind. Im Haiti der Sechzigerjahre wurde eigens das »Haitische Roulette« erfunden. »Papa Docs« Präsidentenpalast in Port-au-Prince war von schießwütigen Wachen umsäumt, die erst ballerten und dann fragten. Beim »Haitischen Roulette« zog man alte Reifen aufs Auto und raste mit voller Geschwindigkeit am Palast vorbei. Wer einen Platten bekam, hatte verloren.

Kurz: Im Vergleich zu Ihren demokratischen Gegenspielern haben Sie als Diktator unendlich größere Freiheit, zu tun, was Sie wollen. Nur die eigene Erfindungsgabe setzt Ihnen Grenzen. Sie können zum Beispiel Ihre persönlichen Feiertage einführen. Saddam Hussein war nicht der einzige Diktator, der seinen Geburtstag zum nationalen Feiertag erklärte. Saparmyrat Nyýazow hingegen zeigte sich als guter Sohn und zog zu diesem Zweck den Geburtstag seiner Mutter vor. Mehr Fantasie bewies Valentine Strasser, der von 1992 bis 1996 Sierra Leone regierte. Er erklärte den Valentinstag und Bob Marleys Geburtstag zu Nationalfeiertagen. Der langjährige Präsident Togos, Gnassingbé Eyadéma, überlebte am 24. Januar 1974 auf wundersame Weise einen Flugzeugabsturz. Alle anderen Passagiere kamen ums Leben. Eyadéma behauptete, es hätte sich um ein Attentat von französischer Seite gehandelt, weil er kurz vor dem Unglück mit einer französischen Firma um die Schürfrechte einer Phosphatgrube gestritten hatte. Er selbst hätte nur aufgrund seiner magischen Fähigkeiten überlebt, weshalb er den 24. Januar zum »Feiertag des Sieges über die bösen Mächte« erklärte. Das Wunder ließ er in einem Comic verewigen, der ihn als Superhelden darstellt.

Eyadéma zeigte ein weiteres Attribut moderner Diktatoren, nämlich den Drang, sich jederzeit mit Frauen zu umgeben. (Alle Diktatoren der neueren Zeit sind Männer.) Er hatte stets ein Gefolge aus tausend Frauen, die zu seinen Ehren tanzten und sangen. Muammar al-Gaddafi hatte eine Leibgarde, die nur aus Frauen bestand. Auch Thomas Sankara, der 1987 ermordete Präsident von Burkina Faso, stellte ein Korps aus Sicherheitsbeamtinnen in seine Dienste. Er rüstete die Soldatinnen mit Motorrädern aus, weil er selbst ein passionierter Biker war.

Ein findiger Diktator verleiht sich selbst einen wohlklingenden Titel. Kosten Sie Idi Amins volle Anrede auf der Zunge: »Seine Exzellenz, Präsident auf Lebenszeit, Feldmarschall Al Hadji Doktor Idi Amin Dada, VC, DSO, MC, Herr aller Kreaturen der Erde und aller Fische der Meere und Bezwinger des Britischen Empires in Afrika im Allgemeinen und Ugandas im Speziellen« (die Abkürzungen stehen für die Orden »Victoria Cross«, »Distinguished Service Order« und »Military Cross«). Nebenbei ernannte Amin sich zum König von Schottland, aus purer Solidarität mit den früheren schottischen Freiheitskämpfern. Nicolae Ceaușescu betitelte sich »Das karpatische Genie«, Gaddafis offizielle Anrede lautete »Anführer der großen Revolution des 1. September in der sozialistischen libysch-arabischen Volksrepublik«, aber er gab sich auch mit »Bruder Revolutionsführer« zufrieden.

Wir fassen zusammen: Als Diktator können Sie länger herrschen, enorme Reichtümer anhäufen, Gott sein, lustige Gesetze erlassen, an die Sie sich selbst nicht halten müssen, Bestseller schreiben, Sportwettkämpfe gewinnen sowie Monumente, Paläste und Städte zu Ehren Ihrer selbst errichten. Sie haben unbegrenzten Zugang zu attraktiven Sexpartnern und wälzen sich im Luxus.

Aber wie können Sie diese Möglichkeiten voll und ganz ausschöpfen? Die folgenden Kapitel sind ein Handbuch darüber, wie man Diktator wird und bleibt und wie man sich am besten als solcher aufführt. Sie beruhen auf praktischen Exempeln von Experten der Materie. Die brillantesten Protagonisten ihres Genres sind vertreten. Folgen Sie den Ratschlägen dieses Buches, und Sie haben die besten Chancen, ein Autokrat par excellence zu werden!

1. Wie man Diktator wird

In der Nacht zum 12. April 1980 lag William Richard Tolbert jr. in seinem Bett in Liberias Hauptstadt Monrovia und schlief den Schlaf des Gerechten. Liberia galt als Oase der Stabilität in einem von politischen Unruhen, Bürgerkriegen und Staatsstreichen geprägten Kontinent. Seit 1971 war Tolbert dort Präsident, und sein Vorgänger William Tubman hatte das westafrikanische Land 27 Jahre lang regiert. Tolbert ahnte nicht, dass seine Präsidentschaft ein jähes Ende nehmen würde.

Liberia hatte eine lange Tradition als Einparteienstaat. Ab 1820 wurden dort freigelassene Sklaven aus den USA angesiedelt, und 1847 erklärten die afroamerikanischen Einwanderer das Land für unabhängig. Seitdem regierte dort eine Elite aus Nachkommen ehemaliger Sklaven, die ihrerseits die Urbevölkerung unterdrückte. Somit ist Liberia neben Äthiopien der einzige afrikanische Staat, der nie unter europäischer Kolonialherrschaft stand.

An jenem Aprilmorgen in aller Frühe stürmte Sergeant Samuel Kanyon Doe mit einer Handvoll Offizieren und Soldaten – alle Angehörige eines einheimischen Volksstammes – den Präsidentenpalast und tötete 27 Menschen. Augenzeugen behaupten, Doe habe Tolbert bei lebendigem Leib die Eingeweide herausgeschnitten. Die Leiche des Expräsidenten wurde in ein Massengrab geworfen. Am 22. April wurden dreizehn Minister aus Tolberts Kabinett nach kurzen Prozessen öffentlich hingerichtet. Zahlreiche Anhänger des alten Regimes wurden verhaftet.

Does Militärputsch löste eine Serie von Ereignissen aus, die Liberia für ein Vierteljahrhundert ins Chaos stürzen sollten. Die Folgen waren zwei langwierige Bürgerkriege und eine bunt gemischte Reihe mehr oder weniger zurechnungsfähiger Staatschefs.

Es liegt auf der Hand: Um Diktator zu werden, müssen Sie zunächst in einem geeigneten Land die Macht ergreifen. Das ist leichter gesagt als getan. Es gibt nur eine begrenzte Anzahl Länder auf der Erde, aber sehr viele Menschen, die nach Macht und politischem Einfluss streben. Betrachtet man jedoch, wie die Macht im Lauf der Geschichte ihre Besitzer gewechselt hat, so scheint der Weg nach oben mitunter verblüffend einfach. Ein aufstrebender Diktator hat genug Möglichkeiten. Manche erhalten Unterstützung aus dem Ausland. Andere werden demokratisch gewählt. Manche kommen durch Zufall an die Macht, entweder weil sie die richtigen Eltern haben oder weil sie zur richtigen Zeit am richtigen Ort sind. Andere sind nichts als Spielfiguren, ohne es zu wissen.

Für die meisten jedoch bedeutet es harte Arbeit und genaue Planung, die Kontrolle über ein Land an sich zu reißen. Die Methode der Machtergreifung muss dem jeweiligen Staat und der jeweiligen politischen Lage angepasst werden. Wenn ein Diktator in Ihnen schlummert, sollten Sie sich genau überlegen, wie Sie Ihren Traum verwirklichen können. Die Geschichte ist voller missglückter Versuche, und ein gescheiterter Versuch könnte leicht Ihr letzter sein. Erfreulicherweise haben andere Diktatoren eine Reihe Methoden für Sie getestet, und die bewährtesten sollen hier zur Sprache kommen.

Haben Sie sich einmal für den Beruf des Diktators entschieden, bleibt immer noch die Frage, *wo* sie ihn ausüben können. Am natürlichsten wäre vielleicht Ihr Heimatland, aber dort sind die Voraussetzungen nicht automatisch die besten. Vielleicht ist die Demokratie in Ihrer Heimat tief verwurzelt, was Ihr Vorhaben erheblich erschwert. Besser geeignet sind Staaten mit autoritären Regime. In den meisten Fällen übernimmt ein Diktator die Macht von einem Kollegen. Despot folgt auf Despot. Diese Regel ist jedoch keineswegs unumstößlich. In Lateinamerika gibt es Länder, die bis vor Kurzem noch Diktaturen waren und heute etablierte Demokratien sind, zum Beispiel Chile und Argentinien. Auch in Westeuropa ist es noch nicht lange her, dass Spanien und Portugal von Diktatoren beherrscht wurden, und seit dem Fall der kommunistischen Regime in Osteuropa ist noch weniger Zeit vergangen.

Umgekehrt währt auch die Demokratie nicht ewig. Wladimir Putin hat Russland weiter von einer intakten Demokratie entfernt, als es zu Beginn seiner Amtszeit war. Obwohl er noch nicht den Titel eines Vollblutdiktators verdient, weist einiges darauf hin, dass er insgeheim nichts gegen diese Ehre hätte. In mehreren lateinamerikanischen Ländern haben demokratisch gewählte Präsidenten in den letzten Jahren ihre Machtbefugnisse erweitert und die Pressefreiheit eingeschränkt. Das macht sie noch nicht zu Diktatoren, aber es ist ein oft begangener Schritt auf dem Weg zur Alleinherrschaft. Außerdem hat der Wechsel zwischen Diktatur und Demokratie in Lateinamerika Tradition.

Selbst in Westeuropa ist die Volksherrschaft nicht für alle Ewigkeit gesichert. Die moderne repräsentative Demokratie ist eine relativ neue Erfindung, und ob sie sich auf Dauer bewähren wird, ist schwer zu sagen. Es gibt bereits Fälle, in denen das Volk durch demokratische Prozesse die Macht wieder abgibt. Im Jahr 2003 stimmte die Bevölkerung Liechtensteins mit überwältigender Mehrheit für eine neue Verfassung, die dem Fürsten das Recht gewährt, die demokratischen Instanzen zu kontrollieren oder zu übergehen. Er kann Veto gegen jedes vom Parlament vorgeschlagene Gesetz einlegen, ohne Angabe von Gründen Minister feuern und den gesamten Landtag auflösen. Eigentlich wird Weißrusslands Präsident Alexander Lukaschenko als der »letzte Diktator Europas« bezeichnet, aber was die konstitutionellen Befugnisse eines Staatsoberhauptes angeht, ist seine Durchlaucht Fürst Hans-Adam II. von und zu Liechtenstein nicht weit davon entfernt, die Anzahl der Diktaturen in Europa zu verdoppeln.

Verzweifeln Sie also nicht, Ihr Traumberuf hat weiterhin Chancen. Im Folgenden lernen Sie die Methoden der Machtergreifung, die den größten Erfolg versprechen.

Der Staatsstreich

Samuel Does Machtübernahme in Liberia im Jahr 1980 war ein klassischer Coup d'État, zu Deutsch »Staatsstreich«, auch »Putsch« genannt. Ein Putsch ist die rasche Übernahme der Macht, oft durch eine kleine Gruppe von Personen, die bereits vorher den inneren Kreisen der Macht angehörten. Die meisten Putschisten sind Militärs.

Der politische Handstreich ist die häufigste Art der Machtergreifung in der neueren Zeit. Den Lateinamerikanern ist er im letzten Jahrhundert zur lieben Gewohnheit geworden. Paraguay zum Beispiel hat in den letzten hundert Jahren 45 Putsche oder Putschversuche erduldet – stabile Verhältnisse im Vergleich zum Nachbarland Bolivien, wo seit der Erlangung der Unabhängigkeit im Jahr 1825 rund 200-mal geputscht wurde.

Bolivien erreicht somit einen Durchschnitt von mehr als einem Staatsstreich pro Jahr.

In den letzten fünfzig Jahren hat Afrika kräftig aufgeholt. Zwischen 1952 und 2000 wurden in 33 afrikanischen Ländern 85 Staatsstreiche durchgeführt, davon 42 in Westafrika, wo auch Liberia liegt.

Trotz seiner großen Beliebtheit ist der Staatsstreich nicht für alle Länder geeignet. Dem Militärhistoriker Edward Luttwak gemäß müssen folgende drei Faktoren gegeben sein, um einen erfolgreichen Putsch zu gewährleisten:

1. *Wirtschaftliche Unterentwicklung:* Arme Länder sind wesentlich putschfreundlicher als reiche. Armut ist oft mit allgemeinem Desinteresse an Politik verbunden. Ein Großteil der Bevölkerung lebt auf dem Land, hat wenig oder keine Ausbildung, die Analphabetenrate ist hoch. Die Macht liegt in den Händen einer kleinen, gebildeten und wohlhabenden Elite. In einem Land, in dem die Macht nur innerhalb der Elite wechselt, ist ein Coup dem Durchschnittsbauern oder Industriearbeiter in der Regel egal. Wer unter dem alten Regime keinen Einfluss auf die Politik hatte, hat wenig Grund, sich einem neuen Regime zu widersetzen. Je mehr Menschen oder Institutionen in einem Staat die politische Verantwortung teilen, desto schwieriger gestaltet sich ein Putsch, denn diese Menschen haben etwas zu verteidigen.

2. *Politische Unabhängigkeit:* Das Land, das Sie beherrschen möchten, sollte politisch unabhängig sein. Man kann die Macht nicht übernehmen, wenn sie an einem anderen Ort liegt. Beim ungarischen Volksaufstand im Jahr 1956 erlangten die Demonstranten Kontrolle über alle nationalen Institutionen. Armee, Polizei und Rundfunk waren auf ihrer Seite. Leider lag die Macht de facto nicht in der Hand der

Ungarn, sondern 1600 Kilometer entfernt in Moskau. Ungarn war besetzt und umzingelt von sowjetischen Truppen, über die die neue Regierung keine Befehlsgewalt hatte. Ein erfolgreicher Aufstand hätte in Moskau stattfinden müssen.

3. *Eindeutige Machtverhältnisse:* Wenn Sie eine direkte Machtübernahme anstreben (was in der Natur eines Putsches liegt), muss die Macht im Land Ihrer Wahl so gebündelt sein, dass sie sich zentral ausüben und kontrollieren lässt. Ist die Macht auf zu viele Institutionen oder gar unabhängige regionale Behörden verteilt, lässt sich ein Staatsstreich kaum durchführen. In der früheren Geschichte der USA, als die Bundesstaaten sehr viel Autonomie genossen, hätte ein Putsch in Washington, D.C., wenig Aussicht auf Erfolg gehabt. Auch in der Demokratischen Republik Kongo ist die Zentralmacht so schwach, dass Ihnen ein Coup in der Hauptstadt Kinshasa nicht unbedingt die Macht über alle Landesteile verschafft. In Somalia gibt es überhaupt keine real existierende zentrale Macht und somit keine Regierung, die Sie durch einen Staatsstreich übernehmen könnten.

Der perfekte Kandidat ist also ein armes Land, in dem die Macht in Händen einer überschaubaren Elite liegt, die nicht zu sehr vom Ausland beeinflusst ist. Wenn Sie ein ideales Land gefunden haben, wird es Zeit für die genauere Planung der Machtergreifung. Finden Sie heraus, auf wen Sie sich im Ernstfall verlassen können und wen Sie in Ihre Pläne einweihen dürfen. Welche Mitglieder des existenten Machtapparates würden Sie unterstützen, und welche würden dem alten Staatschef treu bleiben? Entscheiden Sie vorher, wie Sie mit Widerstand umgehen und wie Sie dem Volk die Neuigkeit vermitteln. Und seien Sie auf die Reaktionen anderer Länder gefasst.

Das Militär muss unbedingt auf Ihrer Seite stehen. Dies ist die wichtigste Regel. Wer sich dessen nicht sicher ist, sollte besser keinen Staatsstreich anzetteln.

Unterstützung aus dem Ausland

Früher brauchten Sie nur zu behaupten, Sie wollten den Kommunismus in einem Land bekämpfen, und schon bekamen Sie Hilfe aus den USA. Umgekehrt konnten Sie sich auf die Unterstützung der Sowjetunion verlassen, wenn Sie den Kampf gegen den Kapitalismus auf Ihre Fahnen geschrieben hatten. Als Patrice Lumumba, der erste frei gewählte Ministerpräsident im gerade unabhängig gewordenen Kongo, freundschaftliche Beziehungen zu den Russen knüpfte, machten sich die Amerikaner Sorgen. Der damalige CIA-Stationschef im Kongo, Larry Devlin, hat selbst beschrieben, wie die CIA versuchte, Lumumba durch vergiftete Zahnpasta zu beseitigen, um ihren Wunschkandidaten Mobutu Sese Seko an seiner Stelle einzusetzen. Zum Glück der Amerikaner kamen ihnen belgische Agenten und kongolesische Aufrührer zuvor. Am 17. Januar 1961 ermordeten diese Lumumba und verscharrten ihn in einem anonymen Grab. Die sogenannten »Kongo-Wirren« brachten Mobutu an die Macht, zunächst als obersten Militär und von 1965 bis 1997 als Alleinherrscher mit Unterstützung des Westens.

Heute dagegen müssen Sie sich bessere Geschichten ausdenken. Es ist nicht mehr so leicht wie zu Zeiten des Kalten Krieges, internationalen Beistand für einen Staatsstreich zu bekommen. Wenn Sie zum Beispiel amerikanische Hilfe benötigen, müssen Sie nachweisen, dass das zu stürzende Regime den Terrorismus unterstützt. Aber machen Sie sich keine Sorgen, denn wenn Ihnen keine fremde Macht hilft, haben Sie immer noch die Möglichkeit, Leihsoldaten anzuheuern.

Einer der aktivsten Söldnerführer nach dem Zweiten Weltkrieg war der Franzose Bob Denard. Im Lauf seiner Karriere kämpfte er unter anderem im Kongo, Jemen und Iran sowie in Angola und Nigeria, gern im Namen Frankreichs. Sein liebstes Einsatzgebiet war jedoch der Inselstaat der Komoren vor der Ostküste Afrikas, wo er an vier Staatsstreichen beteiligt war. Die Komoren sind ein äußerst putschfreundliches Land. Seitdem sie unabhängig sind, hat es dort über 20 Putsche oder Putschversuche gegeben.

Kurz nach der Unabhängigkeitserklärung von 1975 setzte Denard mit einem kleinen Söldnerheer Präsident Ahmed Abdallah ab und an dessen Stelle Frankreichs Favorit Ali Soilih ein. 1978 kam Denard zurück, diesmal mit Unterstützung aus Rhodesien und Südafrika, denen es nicht gefiel, dass Soilih sich politisch nach links bewegte. Mit 43 Soldaten entmachtete er den Präsidenten und verhalf Abdallah erneut zu Amt und Würden. Kurze Zeit später wurde Soilih ermordet, wahrscheinlich von Abdallahs Leuten.

Denard ließ sich auf den Komoren nieder und benutzte das Land als Basis für militärische Operationen auf dem afrikanischen Festland. Zehn Jahre lang war er Chef der Leibgarde des Präsidenten, beherrschte die einheimische Wirtschaft und de facto auch den Inselstaat. Aber 1989 hatten sowohl Frankreich als auch Südafrika das Interesse an dem Söldnerregime verloren. Abdallah wurde ermordet, und Denard, der wahrscheinlich an dem Mord beteiligt war, musste das Land verlassen.

Im Jahr 1995 kam er wieder. Am 27. September landete er mit 30 Mann in Zodiac-Schlauchbooten und setzte Präsident Mohamed Djohar ab. Diesmal jedoch hatte das frühere Mutterland genug. Am 3. Oktober erreichten französische Truppen die Komoren, verhafteten Denard und brachten ihn nach Frankreich. Wegen »Beteiligung an der Planung krimineller Aktivitäten« wurde er zu vier Jahren Gefängnis verurteilt, musste die Haft aber bis zu seinem Tod im Jahr 2007 nicht antreten.

Patriotisch, demokratisch und heterophil

Nachdem Sie die Unterstützung des Militärs und vielleicht auch anderer Länder gesichert haben, müssen Sie die zentralen Machtfaktoren identifizieren. Wo liegt die reelle Macht? Wen müssen Sie verhaften lassen? Welche Abteilungen der Polizei und der Sicherheitskräfte müssen zuerst neutralisiert werden? Es ist wichtig, so rasch wie möglich die Kontrolle zu erlangen. Dafür sollten Sie möglichst wenige Personen in Ihre Pläne einweihen. Geheimhaltung ist alles. Wenn die Nachrichtendienste Ihres Ziels Wind von der Sache bekommen, kann Ihr Coup ein jähes Ende finden.

Besondere Aufmerksamkeit sollten Sie den Medien widmen. Nehmen Sie als Erstes Radio- und Fernsehstationen ein. Für einen angehenden Diktator gehört es zum guten Ton, gleich nach der Machtergreifung eine Radio- und Fernsehansprache zu halten. Die Begriffe »Staatsstreich«, »Putsch« oder »Coup« sind dabei tabu. Sprechen Sie stattdessen von einer »Revolution«, einem »Kampf für die Menschenrechte« oder der »Bewältigung einer konstitutionellen Krise«. Auch sollten Sie mindestens einen – besser mehrere – der folgenden Gründe für die Machtübernahme nennen:

Wir mussten es tun, um

1. Korruption und Nepotismus zu besiegen,
2. die Verfassung zu beschützen,
3. einen Tyrannen zu beseitigen oder
4. Demokratie einzuführen.

Am Morgen des 22. April 1990 bekamen die Hörer der Federal Radio Corporation of Nigeria folgenden Bescheid:

> Liebe nigerianische Mitbürger,
> im Namen der patriotischen und wohlgesinnten Menschen der mittleren und südlichen Landesteile habe ich, Major Gideon Orkar, die Ehre und Freude, euch über die erfolgreiche Absetzung der diktatorischen, korrupten, drogenbaronischen, bösen, betrügerischen, homophilen und unpatriotischen Regierung von General Ibrahim Badamasi Babangida zu informieren. Letzterer wurde sogleich der stetigen Korruption, des Missmanagements der nationalen Wirtschaft, der Morde an Dele Giwa, Generalmajor Mamman Vasta und anderen Offizieren [...] sowie weiterer Menschenrechtsverletzungen angeklagt.

Die Rede des Putschisten Orkar ist eine lehrreiche Essenz aller notwendigen Beschuldigungen: Diktatur, Korruption, Drogenkriminalität und (man beachte die kreative Wortschöpfung!) allgemeine Bosheit. Auch die angebliche sexuelle Neigung des Gegners kann hilfreich sein. Zu Orkars Pech schlug das Regime zurück und liquidierte die Putschisten.

Wie wir sehen, hat der Staatsstreich eine lange Tradition. Wird er richtig durchgeführt, ist er der schnellste und effektivste Weg an die Macht. Sein größter Nachteil sind die Konsequenzen im Fall eines Fehlschlags. Im glücklichsten Fall steht Ihnen ein längerer Auslandsaufenthalt bevor, wahrscheinlicher jedoch fristen Sie den Rest Ihrer Tage in einem dunklen Verlies oder werden rasch hingerichtet.

Wenn die Umstände für einen Putsch ungünstig sind, gibt es zum Glück noch andere Wege zur Macht.

Bier und abgeschnittene Ohren

Das Leben des liberianischen Kriegsherrn Charles Taylor ist wie aus einem Hollywood-Actionfilm. Taylor wurde am 28. Januar 1948 in Arthington bei Monrovia geboren. 1972 ging er in die USA, um Wirtschaft zu studieren. Dort begann sein politisches Engagement. 1979 führte er bei einem Staatsbesuch des anfangs erwähnten Präsidenten William Tolbert eine Demonstration gegen Liberias UN-Delegation in New York an. Er wurde später verhaftet, weil er gedroht hatte, die Delegation mit Gewalt zu übernehmen. Zurück in Liberia, unterstützte Taylor Samuel Does Putsch von 1980. Als Belohnung bekam er einen wichtigen Posten in Does neuer Regierung. Diesen sah er vor allem als Gelegenheit, möglichst viel Geld zu veruntreuen, und 1983 feuerte ihn Doe wegen der Unterschlagung von fast 1 Million Dollar.

Taylor floh in die USA, wurde aber am 24. Mai 1984 in Massachusetts verhaftet, um im Hochsicherheitsgefängnis auf seine Auslieferung nach Liberia zu warten. Im September 1985 flüchtete er mit vier weiteren Insassen auf klassische Panzerknacker-Manier. In einem unbenutzten Waschraum feilten die fünf ein Gitter durch und seilten sich an zusammengebundenen Bettlaken ab.

Die vier anderen Ausbrecher wurden gefasst, aber Taylor entkam. Er reiste nach Libyen, wo er bei Muammar al-Gaddafi eine militärische Ausbildung bekam. Danach ging er in Liberias Nachbarland Elfenbeinküste, wo er die Rebellengruppe National Patriotic Front of Liberia (NPFL) gründete. Im Dezember 1989 marschierte er mit seiner »Befreiungsorganisation« in Liberia ein, um Doe zu stürzen.

Leider kam ihm ein Abtrünniger aus den eigenen Reihen zuvor. Im September 1990 nahm Taylors früherer Verbündeter Prince Johnson die Hauptstadt Monrovia ein und ließ Samuel Doe gefangen nehmen. Doe war offensichtlich abergläubisch; Johnsons Soldaten nahmen ihm etliche Amulette ab, von denen er eines im Anus versteckt hatte. Ein palästinensischer Journalist durfte Does Verhör filmen, und Johnson zeigte das brutale Video später stolz ausländischen Journalisten.

Doe sitzt in Unterhosen, umgeben von Soldaten. Gegenüber sitzt Johnson, sichtbar angetrunken. Er trägt eine Kette aus Handgranaten um den Hals, auf dem Tisch vor ihm stehen etliche Dosen Bier. Eine Frau wedelt ihm mit einem Handtuch Luft zu. Nach einer Weile schlägt Johnson mit der Faust auf den Tisch und befiehlt seinen Soldaten, Doe die Ohren abzuschneiden. In einer Version sieht es aus, als würde Johnson einen Teil des abgeschnittenen Ohres verspeisen. Doe wird weggeführt und ermordet. Danach erklärte sich Johnson selbst zum Präsidenten von Liberia.

Doch der Bürgerkrieg ging weiter, und Johnsons Präsidentschaft währte nur wenige Wochen. (Im Gegensatz zu seinem Vorgänger überlebte er, weil er sich freiwillig zurückzog. Später versuchte er es noch einmal auf demokratischem Wege, aber vergeblich.)

Obwohl Johnson letztendlich keinen Erfolg hatte, beschritt er einen Weg zur Macht, den viele Despoten vor ihm gegangen waren. Auch unter den heute regierenden Diktatoren gibt es noch manche, die ihre Karriere im bewaffneten Widerstand gegen eine verhasste Regierung, eine Besatzungsmacht oder einen Kolonialherrn begannen.

Maos Methode

Durch einen Guerillakrieg an die Macht zu kommen hat Vor- und Nachteile. Vor allem braucht es Geduld. Ein Befreiungskrieg kann Jahrzehnte dauern und ist in der Regel eine recht gewaltsame Methode, die viele militärische und zivile Opfer kostet. Auch Sie selbst laufen Gefahr, darunter zu sein.

Die Vorteile können das Risiko allerdings aufwiegen. Wenn Sie ein Guerillaheer zum Erfolg führen, dürfen Sie fast garantiert die Staatsgeschäfte übernehmen. Sie genießen den Status eines Helden, und wenn Ihre ethnische Gruppe auch noch die Mehrzahl der Bevölkerung stellt, ist Ihre Legitimität als Anführer für lange Zeit gewährleistet.

Wenn das Regime, das Sie bekämpfen, eine Kolonialmacht oder ein Imperium ist oder als moralisch verwerflich gilt, können Sie sogar internationalen Heiligenstatus erlangen. Abgesehen von der materiellen und moralischen Unterstützung, die dies mit sich führt, genießen Sie auf diese Weise auch nach der Machtergreifung eine Periode der »moralischen Überlegenheit«, in der kaum jemand es wagt, Sie zu kritisieren.

Paul Kagame übernahm 1994 (zunächst als Vizepräsident und Verteidigungsminister) die Macht in Ruanda, nachdem das vorige Regime unter Präsident Juvénal Habyarimana in einem der effektivsten Völkermorde der Weltgeschichte innerhalb kurzer Zeit zwischen einer halben und einer Million Tutsi und moderate Hutu getötet hatte. Kagame und seine Ruandische Patriotische Front (RPF) kassierten die Ehre, den Völkermord gestoppt zu haben, während die internationale Gemeinschaft ratlos zugesehen hatte. Dadurch erhielt der heutige Präsident eine enorme moralische Immunität, die er auszunutzen weiß. Wenn andere ihn für seinen autoritären Führungsstil kritisieren, kontert er: »Wo wart ihr, als die schlimmsten Verbrechen in Ruanda geschahen?«

Ein Guerillaheer hat den großen Vorteil, dass es selbst für einen überlegenen Feind nur sehr schwer niederzukämpfen ist. Dennoch ist der Sieg nicht selbstverständlich. Prüfen Sie nach, wie groß Ihre Chancen sind, bevor Sie einen Guerillakrieg anzetteln, und wählen Sie die beste Methode. Die folgenden Bedingungen sollten gegeben sein, damit Sie Ihre Partisanen zum Sieg führen können:

▶ *Klares Ziel:* Ihr Krieg muss ein erklärtes Ziel haben. Gut geeignet sind der Kampf gegen einen Unterdrücker, eine Besatzungsmacht oder für eine politische Ideologie. Eine deutliche Zielsetzung vereint Sie mit Ihren Verbündeten, verschafft Ihnen Gehör beim Volk und inspiriert die Soldaten, einen langen Kampf auszuhalten.

▶ *Breite interne Unterstützung:* Sie sollten Unterstützung seitens großer Teile der Bevölkerung genießen. Das Regime, das Sie bekämpfen, sollte möglichst unbeliebt sein, sodass Ihnen die Sympathie des Volkes gewiss ist. Auch in dieser Hinsicht sind Besatzungsmächte, Tyrannen oder ethnische Minoritäten zweckdienliche Ziele.

▶ *Internationale Unterstützung:* Es hilft viel, wenn die Sache, für die Sie kämpfen, internationale Sympathie genießt. Dies erreichen Sie unter anderem durch geschicktes Marketing und Lobbyismus. Ausländische Sympathisanten können für Ihre Sache Geld sammeln, Waffen beschaffen und Druck auf

Ihren Gegner ausüben. Besonders in Nachbarländern sind freundlich gesinnte Regierungen von Vorteil, da Sie Rückzugsorte und Versorgungsrouten für Waffen und Vorräte bieten.

▶ *Militärische Überlegenheit:* Ein Guerillaheer ist einer viel größeren und besser ausgerüsteten nationalen Armee im direkten Vergleich zwar unterlegen, kann aber aus verschiedenen Gründen trotzdem die Oberhand gewinnen. Wenn das Regime unbeliebt ist, sind die Soldaten der Regierung kaum motiviert. Dauert der Krieg lange, werden sie ihrer Sache leicht überdrüssig. Guerillas dagegen haben in der Regel mehr Ausdauer als die meisten offiziellen Armeen.

Nicht alle diese Voraussetzungen müssen gegeben sein, um einen Guerillakrieg zu gewinnen. Paul Kagame zum Beispiel genoss keine breite Unterstützung in der ruandischen Bevölkerung, weil er einer ethnischen Minorität angehörte, die etwa 15 Prozent der Landesbevölkerung ausmachte. Aber er hatte ein klares Ziel, nämlich der Unterdrückung der Tutsi und später dem Völkermord ein Ende zu bereiten. Er kämpfte gegen ein mörderisches Regime, hatte Unterstützung aus Uganda und führte ein diszipliniertes, tüchtiges Heer an. In Eritrea gewann Isayas Afewerki einen heroischen Befreiungskampf gegen Äthiopien fast ohne internationale Unterstützung. Die äthiopischen Regierungstruppen waren zahlen- und ausrüstungsmäßig überlegen. Trotzdem saß der Wunsch nach Unabhängigkeit bei der eritreischen Bevölkerung und unter den Partisanen so tief, dass sie einen 30-jährigen Befreiungskrieg durchhielten, bis Eritrea 1993 endlich zur selbständigen Diktatur wurde.

Auch Mao Zedong führte einen erfolgreichen Guerillakrieg und endete als Diktator in China. Deshalb lohnt es sich, seine

Methode näher zu betrachten. In dem Buch *Theorie des Guerillakrieges* beschreibt Mao drei Phasen, die zum Sieg führen. Phase 1 ist eine Propagandakampagne unter der Bevölkerung, um möglichst breiten Beistand für Ihre Sache zu gewinnen. Phase 2 besteht aus zielgerichteten Überraschungsangriffen auf militärische Einrichtungen, strategisch wichtige Punkte und politische Objekte. Dadurch wird der Feind geschwächt und demotiviert und gleichzeitig Stärke gezeigt. Erst in Phase 3 setzt die konventionelle Kriegsführung ein, um Städte zu erobern, die Regierung zu stürzen und die Macht im ganzen Land zu ergreifen. Die Reihenfolge dieser Phasen muss flexibel bleiben und kann je nach Landesteil variieren.

Maos Theorien wurden weltweit mit Erfolg in die Praxis umgesetzt, zum Beispiel im Vietnamkrieg durch die Vietcong oder in Rhodesien durch Robert Mugabe.

Nehmen wir also an, Sie hätten einen Befreiungskrieg gewonnen. Selbst wenn Sie danach mehr oder weniger freie Wahlen abhalten, werden Sie die ersten so gut wie sicher gewinnen. Zusammen mit der oben erwähnten moralischen Überlegenheit ist dies ein idealer Ausgangspunkt, um Diktator zu werden.

Wie viele afrikanische Intellektuelle nach dem Zweiten Weltkrieg engagierte sich Robert Mugabe für die Dekolonisation. Über zehn Jahre verbrachte er in britisch-rhodesischen Gefängnissen. 1965 hatte eine weiße Minderheitsregierung Rhodesien für unabhängig erklärt, aber außer Südafrika erkannte kein Land den Apartheidsstaat an. Von Mao inspiriert setzte Mugabes Zimbabwe African National Union (ZANU) den Kampf fort, und 1979 gab die weiße Minderheitsregierung auf. Bei den ersten freien Wahlen in der neuen Republik Simbabwe gewann die ZANU 63 Prozent der Stimmen. Mugabe wurde Premierminister und später – nach Abschaffung dieses für Diktatoren überflüssigen Amtes – Präsident. Am Anfang hatte er die ganze Welt im Rücken.

Mugabe begann unmittelbar, sich seiner Rivalen zu entledigen. Er selbst stammt aus dem Volk der Shona, das die große Mehrheit der Bevölkerung bildet. Als die Minderheit der Ndebele im Landesteil Matabeleland aufmuckte, entsandte Mugabe seine berüchtigte Fünfte Brigade, eine in Nordkorea trainierte Eliteeinheit. Über 20 000 Menschen wurden getötet, Tausende wurden in Konzentrationslager gesteckt und gefoltert. Die Operation hatte den poetischen Namen »Gukurahundi«, was auf Shona so viel bedeutet wie »Der frühe Regen wäscht die Spreu noch vor dem Frühlingsregen aus«.

Die Regierung versuchte, die Operation im In- und Ausland geheim zu halten, und tatsächlich ist bis heute vieles ungeklärt. Mugabes internationaler Heldenstatus dagegen hielt sich bis in die Neunzigerjahre. Da saß er längst als Diktator fest im Sattel.

Todsicherer Wahlkampf

Nachdem Prince Johnson Samuel Doe umgebracht hatte, entwickelte sich der Bürgerkrieg in Liberia zu einem immer chaotischeren Kampf zwischen verschiedenen Guerillagruppen. Offiziell beendet wurde er erst 1995 nach langen Verhandlungen. 1997 wurden Wahlen abgehalten, und Charles Taylor ließ sich die Chance nicht entgehen und trat als Präsidentschaftskandidat an.

Niemand kann ihn des unehrlichen Wahlkampfs bezichtigen. Mit dem Slogan »He killed my ma, he killed my pa, but I will vote for him« verschaffte er sich einen überwältigenden

Sieg mit 75 Prozent der Stimmen. Hinter diesem Triumph stand die große Furcht der Bevölkerung, dass Taylor den Bürgerkrieg erneut starten würde, falls er verlöre. Die heutige liberianische Präsidentin und Friedensnobelpreisträgerin Ellen Johnson Sirleaf erhielt damals nur 10 Prozent der Stimmen.

Taylors und andere Beispiele zeigen, dass Sie sich durchaus demokratisch wählen lassen können, um Diktator zu werden. Vom militärischen Sieg zum Wahlsieg ist es oft nur ein kleiner Schritt. Aber ohne vorherigen Befreiungskampf müssen Sie zumindest die erste Wahl auf herkömmliche Weise gewinnen. Solange Sie nicht selbst an der Macht sind, haben Sie nur begrenzte Möglichkeiten, das Wahlergebnis zu manipulieren. Wenn Sie die nächsten Wahlen in Amt und Würden abhalten lassen, sieht die Sache natürlich anders aus, worauf wir im nächsten Kapitel zurückkommen.

Der Traum von Disneyland

Im Gegensatz zu den oben erwähnten Herrschern hat sich ein großer Anteil der heute regierenden Diktatoren überhaupt nicht anstrengen müssen, um Staatschef zu werden. Sie haben das Amt schlicht und einfach geerbt. Einer der sichersten Wege, Diktator zu werden, ist nämlich, einen Diktator zum Vater zu haben. Das Vererben der Staatsmacht ist eine gute, alte Tradition, die in einigen westeuropäischen Ländern durch Königsfamilien symbolisch fortbesteht. Diese Monarchen haben jedoch keine reelle politische Macht. Hingegen gibt es in anderen Teilen der Welt noch absolute Monarchien.

Aserbaidschans Präsident Ilham Aliyev übernahm das Amt 2003 von seinem Vater Aliyev. Baschar al-Assad wurde Präsident in Syrien, als sein Vater nach 29 Jahren Regierung im Jahr

2000 verstarb. In Gabun übertrug das Volk Ali Bongo Ondimba bei den Wahlen von 2009 die Präsidentschaft von seinem verstorbenen Vater Omar Bongo, der mit einer Amtszeit von 41 Jahren den Rekord unter allen afrikanischen Diktatoren hält. Ähnlich erging es Faure Gnassingbé in Togo. Als sein Vater Eyadéma Gnassingbé 2005 nach 38 Amtsjahren starb, wurde er zum Nachfolger ausgerufen. Auf internationalen Druck hin trat er zurück, wurde aber noch im selben Jahr in stark angezweifelten Wahlen erneut zum Präsidenten gewählt.

In Nordkorea ist die dynastische Nachfolge der Staatschefs zum Prinzip geworden. Im Dezember 2011 übernahm Kim Jong-un nach dem Tod seines Vaters die Macht. Er ist somit nach Kim Il-sung und Kim Jong-il der dritte Diktator der Kim-Dynastie.

Ähnlich verhält es sich in den klassischen absoluten Monarchien. König Mswati III. von Swasiland erbte den Thron von Sobhuza II., Sultan Hassanal Bolkiah von Brunei folgte auf seinen Vater Ali Saifuddin, und König Abdullah II. von Jordanien ist der älteste Sohn des seligen Hussein I., der 1999 starb.

Scheich Chalifa bin Zayid bin Sultan Al Nahyan (der drittreichste absolute Monarch der Welt) übernahm sowohl den Job als Präsident der Vereinigten Arabischen Emirate als auch den des Emirs von Abu Dhabi, als sein Vater Zayid bin Sultan Al Nahyan 2004 starb. Auch die sechs anderen Emirate dieser Föderation sind Erbmonarchien.

Die Erbfolge geht nicht immer vom Vater zum Sohn. In Saudi-Arabien kam König Abdullah nach seinem Halbbruder König Fahd an die Reihe, der die Krone wiederum von einem anderen Halbbruder aus der ansehnlichen Kinderschar des Landesgründers König Abdul-Aziz hatte.

Wenn Sie als angehender Diktator die Staatsmacht erben wollen, haben Sie allerdings ein Problem, denn sofern Ihr Vater kein Diktator ist, stehen die Chancen dafür eher gering. Wir wollen diese Möglichkeit jedoch nicht komplett ausschließen. Die einfachste Methode wäre, den Nachkommen eines Diktators zu ehelichen. Wenn dieser die Macht übernommen hat, müssen Sie ihn entweder unauffällig loswerden oder ihn an die Seite drängen.

Um dicht genug an Ihre Auserwählte oder Ihren Auserwählten heranzukommen, müssen Sie zunächst herausfinden, wo sich solche Erben gern aufhalten. Oft findet man sie an luxuriösen Ferienorten wie der französischen Riviera, Monaco oder diversen karibischen Inseln. Mit Playboyprinzen und Partyprinzessinnen in den Ferienparadiesen der Welt herumzuhängen ist wohl einer der behaglichsten Wege nach oben. Allerdings sollte man auch mit den richtigen anbändeln.

Dies ist nicht so leicht, wie es klingt, denn ein Diktator kann sich jederzeit mit seinen Kindern überwerfen und andere Geschwister oder Familienmitglieder zum Nachfolger bestimmen. In Nordkorea zum Beispiel galt Kim Jong-nam lange als Auserwählter Kim Jong-ils, aber Papa änderte seine Meinung. Einer der Gründe dafür war, dass der Diktatorensohn unbedingt nach Disneyland wollte, das leider keine Filiale in Nordkorea hat. Im Mai 2001 wurde Jong-nam mit einem falschen dominikanischen Pass auf dem Tokioter Flughafen verhaftet. Er reiste unter dem Decknamen »Pan Xiong« – auf Chinesisch »Fetter Bär«. In seiner Gesellschaft befanden sich zwei Frauen und sein vier Jahre alter Sohn. Jong-nam saß mehrere Tage in Untersuchungshaft, bevor man ihn nach China schickte. Beim Verhör sagte er, er sei in Japan, um das Disneyland in der Nähe von Tokio zu besuchen. Später behauptete er, er habe sich mit seinem Vater überworfen, weil er auf Wirtschaftsreformen gedrängt habe und deshalb als Kapitalist angesehen werde. Heute wohnt Jong-nam in Macao, wo er als Partylöwe und Glücksspieler bekannt ist.

Leider läuft in Diktatorenfamilien nicht immer alles nach Plan. In Ägypten sah es lange Zeit aus, als würde Husni Mubarak alles für seinen Sohn Gamal zurechtlegen, damit dieser einmal die Macht übernehmen könne. Doch Gamals Karriere fand ein jähes Ende, als Mubarak im Februar 2011 gestürzt wurde.

Etwas zuverlässiger ist die Erbfolge in etablierten Monarchien. Dort gibt es meist klare Regeln, was die Wahl Ihres Sprungbrett-Partners erleichtert, aber nicht unbedingt die Erfolgschancen verbessert. Hier nur zwei aktuelle Stalltipps als Beispiele: In Äquatorialguinea deutet viel darauf hin, dass Teodoro Obiang Nguema Mangue von seinem Vater Teodoro Obiang Nguema Mbasogo, der seit 1979 Präsident ist, auf die Machtübernahme vorbereitet wird. Teodoro junior lebt ein sorgloses Jetset-Leben mit Festen, schnellen Autos und schönen Frauen – Hobbys, über die Sie in späteren Kapiteln mehr erfahren werden.

Männer könnten sich an Dariga Nasarbajewas Fersen heften. Die Tochter von Kasachstans Präsident Nursultan Nasarbajew war eine Zeit lang »Oppositionsführerin« im kasachischen Parlament und ist heute Chefin der nationalen Nachrichtenagentur. Sie wird als mögliche Nachfolgerin ihres Vaters gehandelt. Nasarbajewa ist seit 2007 geschieden und somit wieder auf dem Markt. Im Nachbarland Usbekistan lebt Gulnara Karimowa, die hübsche Tochter und mögliche Nachfolgerin des 1938 geborenen usbekischen Präsidenten Islam Karimow, die nebenbei eine Karriere als Popstar feiert. (Sie hat sogar schon im Duett mit Gérard Depardieu gesungen, der darüber hinaus die Zusage für die Hauptrolle in einem usbekischen Film erteilte.) Aber bleiben Sie stets auf dem Laufenden! Manche meinen, Karimowa habe ihre Chancen durch eine kritische Haltung gegenüber der Politik ihres Vaters verspielt. Riskieren

Sie es nicht, mit einem enterbten Nachkommen dazusitzen, der bei seinem Diktatorenpapa in Ungnade gefallen ist.

Es gibt viele Wege zur Macht. Das Wichtigste ist, dass Sie die Methode wählen, die am besten zu dem Land passt, in dem Sie Alleinherrscher werden wollen. Haben Sie Ihr Ziel erreicht, sind die Herausforderungen längst nicht vorbei. An die Macht zu kommen kann einfach sein. Viel schwieriger ist es, sich an der Macht zu halten.

2. Wie man sich an der Macht hält

Im westafrikanischen Sierra Leone herrschte 1992 der General-major Joseph Saidu Momoh. Er war 1985 als einziger Kandidat mit 99 Prozent der Stimmen zum Präsidenten gewählt worden. Sierra Leone ist klein und trotz Diamantvorkommen bettel-arm, und die wirtschaftliche Situation verbesserte sich unter Momohs Präsidentschaft keineswegs. 1991 griff der Konflikt im Nachbarland Liberia auf Sierra Leone über. Ein elfjähriger Bür-gerkrieg begann.

Im April 1992 wurde der junge Hauptmann Valentine Strasser in die diamantenreiche Region Kenema entsendet, wo er die brutalen Rebellen der Revolutionary United Front bekämpfen sollte. Strasser hatte keine Ahnung, dass ihn Großes erwartete. Seine einzigen Erfolge hatte er bis dahin auf der Tanzfläche ge-feiert, er hatte nämlich ein paar Disco-Wettbewerbe gewonnen.

Unterdessen hatte Präsident Momoh eine der wichtigsten Regeln der Diktatur missachtet: Gib deinen Soldaten Sold. Die Regierungstruppen in Kenema klagten, sie hätten seit drei Mo-naten kein Geld bekommen. Hauptmann Strasser versprach, das Problem zu lösen, und machte sich auf den Weg in die Hauptstadt Freetown. Unterwegs überholte ihn das Gerücht, er sei unterwegs, um Momoh zu stürzen. Doch der amtierende Präsident war nicht zur Konfrontation bereit und floh.

So zumindest lautet eine Version. Andere behaupten, dass Strassers Coup geplant war und er mit einer Gruppe junger Offiziere den Präsidentenpalast stürmte, wo sie Momoh im Bad überraschten. Welche Fassung auch immer der Wahrheit entspricht, Momoh gab schnell auf und stieg in einen Hubschrauber, der ihn ins Nachbarland Guinea brachte.

Mit 25 Jahren wurde Strasser der jüngste Staatschef der Welt, der diese Position nicht geerbt hatte. Mit einer Junta aus jungen Offizieren regierte er das Land bis 1996, als er durch einen weiteren Coup von seinen eigenen Leuten abgesetzt wurde. Wie sein Vorgänger wurde er nach Guinea abgeschoben, wo »Disco-König« der vornehmste Titel war, mit dem er sich schmücken konnte.

Strassers Weg zur Macht war leichter und kürzer als bei den meisten anderen Diktatoren, doch es ist nicht der einzige Coup der Geschichte, der durch eine Reihe von Zufällen ausgelöst wurde. Diktator werden kann einfach sein, wenn Sie sich zur rechten Zeit am rechten Ort befinden. Dagegen braucht es Klugheit, Finesse und Fingerspitzengefühl, den Job über längere Zeit zu behalten. Strasser fehlten offenbar alle drei Eigenschaften.

Verschwindende Opposition

Ein Diktator lebt gefährlich. Die Ausübung seines Jobs ruft stets Neider und Feinde auf den Plan. Staatsstreiche, Volksaufstände, Attentate – seien Sie auf alles gefasst, auch auf internationale Kritik und den Ruf nach demokratischen Reformen. Zum Glück gibt es Wege, dies zu verhindern. Mit einem effektiven Sicherheitsapparat, systematischer Propaganda und elegantem politischem Manövrieren können Sie Ihre Regierungsperiode auf Lebenszeit verlängern. Manchmal auch darüber hinaus: Kim Il-sung, der 1994 verstarb, ist de jure noch immer Nordkoreas »Ewiger Präsident«.

Selbst der beste Despot wird im eigenen Land auf Widerstand treffen. Wie viel Opposition Sie als Diktator tolerieren, bleibt Ihnen überlassen. Aber Vorsicht: Ist der Stein einmal ins Rollen gebracht, lässt sich der Widerstand oft nicht stoppen! Im Folgenden wollen wir ein paar bewährte Methoden vorstellen, mit denen Sie die Opposition garantiert ausbremsen.

Besonders gut funktioniert das Denunziantentum, wie es die Stasi in der ehemaligen DDR perfektionierte. Bürger, die in ständiger Angst leben, verhaftet zu werden, sind in der Regel fügsame Bürger. Terrorisieren Sie Ihre politischen Gegner, um diese von allzu heftiger Opposition abzuhalten. Oder lassen Sie die Opposition einfach von der Erdoberfläche verschwinden. In lateinamerikanischen Diktaturen war dies so alltäglich, dass »verschwinden« zum transitiven Verb wurde. Nicht die Opposition verschwand, sondern das Regime »verschwand« die Opposition. Jorge Rafael Videla, argentinischer Diktator von 1976 bis 1981, räumte 2012 ein, sein Regime habe Tausende von Menschen »verschwunden«. Der Exdiktator starb 2013 im Alter von 87 Jahren im Gefängnis. Es sei ein Fehler gewesen, so Videla, die Morde als mysteriöses Verschwinden zu inszenieren.

»Lassen Sie uns sagen, dass 7000 bis 8000 Menschen sterben mussten. Wir hatten keine andere Wahl. Die Junta hatte einstimmig beschlossen, dass dies der Preis war, um den Krieg gegen die Subversion zu gewinnen. Aber die Öffentlichkeit sollte nichts bemerken. Die Leichen mussten verschwinden, um Proteste im In- und Ausland zu verhindern. Das Verschwinden war eine Taktik, um die Tötungen zu verschleiern«, sagte Videla in Interviews mit dem Autor Caferino Reato.

Der Exdiktator war unter anderem wegen vielfachen Kindesraubes und Zwangsadoption verurteilt worden. Die Kinder wurden aus den Familien subversiver Personen entführt und bekamen eine anständige rechtsextreme Erziehung bei argentinischen Militärangehörigen.

Doch zum Glück gibt es auch unblutige Methoden der Machterhaltung. Sind Sie reich genug, können Sie sich schlicht und einfach Unterstützung erkaufen. Scheich Tamim bin Hamad Al Thani, der Emir von Katar, hält seine Untertanen bei Laune, indem er für einen ausgesprochen hohen Lebensstandard in seinem Land sorgt. Die 250 000 Einwohner des ölreichen Emirates verdienen im Durchschnitt weit über 400 000 Dollar.

Wie man Wahlen gewinnt

Wie jeder Staatschef hat auch ein Diktator mit der Meinungsvielfalt in der Bevölkerung zu kämpfen. Doch im Gegensatz zur Demokratie hält die Diktatur wirksame Hilfsmittel bereit, um dieses Übel zu umgehen.

Üblicherweise wird die Opposition verlangen, dass Sie demokratische Wahlen abhalten. Auch die internationale Gemeinschaft wird gewissen Druck hinsichtlich demokratischer Reformen ausüben. Oft ist dieser so schwach, dass Sie ihn bedenkenlos ignorieren können. Verfügt Ihr Land über reiche Ölvorkommen, werden Sie kaum mehr als ein Raunen auf den Korridoren der UN vernehmen. Saudi-Arabien zum Beispiel hat ein autoritäres Regime, entkommt aber internationaler Kritik, weil die Welt von arabischem Öl abhängig ist. In Simbabwe dagegen gibt es keinen Tropfen des schwarzen Goldes, und der internationale Druck auf Präsident Robert Mugabe wächst.

Wahlen sind keine dringend notwendige Ingredienz einer Diktatur. Nicht der Wille des Volkes bestimmt, wie lange Sie an der Macht bleiben, sondern Sie. Das Volk weiß ohnehin nicht, was gut für es ist – *Sie* wissen es. Dennoch kann es von Nutzen sein, ab und an Wahlen abzuhalten, und sei es nur, um lästigen Staatschefs demokratischer Zwergstaaten wie Deutschland den Mund zu stopfen. Wenn Sie eine kleine Opposition zulassen, haben Sie Ihre Gegner besser im Auge. Sie zeigen guten Willen zu demokratischen Reformen, und wenn Sie alles richtig machen und Ihr Wunschergebnis ohne allzu viel Aufruhr erreichen, erlangen Sie ein Stück Legitimität.

Einen Wahlsieg können Sie sich auf vielerlei Weise sichern. Der klassische Trick ist das Auffüllen der Wahlurnen mit eigenen Stimmzetteln. Heute, im Zeitalter der Handykameras, fliegt das sogenannte *ballott stuffing* jedoch zu leicht auf. Der Trend geht zu raffinierteren Methoden.

Durch gute Vorbereitung vermeiden Sie Aufregung am Wahltag. Vergessen Sie nicht, dass *Sie* die Regeln bestimmen, und machen Sie dies so, dass von vornherein kein Zweifel am Ausgang der Wahlen aufkommt.

Das schlagkräftigste Mittel ist die Kontrolle der Medien. Sorgen Sie stets dafür, dass alle Kanäle in Ihrer Hand liegen – eine der wichtigsten Regeln der Diktatur. Radio und Fernsehen sind leicht zu monopolisieren. Stopfen Sie die staatlichen Programme mit Ihren Anhängern voll, und entwaffnen Sie andere Sender – falls Sie diese zulassen – mit bürokratischen Hürden. Formulieren Sie die Konzessionen so, dass sie im Fall einer kritischen Äußerung rasch wieder entzogen werden können. Sehr praktisch sind auch Gesetze, die es verbieten, die Nation oder den Präsidenten zu beleidigen. Geben Sie der Opposition ausreichend, aber nicht zu viel Platz in den Medien, das macht die Illusion von freien Wahlen realistischer.

Besonders wichtig ist Ihr Bild in den Medien. Natürlich muss der Schwerpunkt auf Ihren politischen Siegen liegen. Treten Sie immer als Staatsmann auf. Das Fernsehen muss Sie bei der Ausübung Ihrer Aufgabe als Führer der Nation zeigen, anstatt sich in den Wahlkampf einzumischen. Die Menschen sollen erfahren, wie viel Geld Sie für gute Zwecke ausgeben und wie wichtig Ihre Rolle auf der internationalen Bühne ist. Auch ein Image als kerngesunder, viriler Draufgänger kann nichts schaden. Wladimir Putin arbeitet hart für seinen Ruf als sportlicher Naturmensch. Mit nacktem Oberkörper posiert er auf der Tigerjagd, beim Fischen und auf Pferderücken.

Wenn all dies gegeben ist, können Sie den Wahlkampf getrost den Medien überlassen. Sie können Ihre Gegner lächerlich machen oder verleumden. Zum Beispiel sind Kontakte zu ausländischen Organisationen stets ein klares Zeichen dafür, dass die Opposition im Interesse fremder Imperialisten handelt.

Darüber hinaus lässt sich das Wahlergebnis beeinflussen, indem Sie es potenziellen Anderswählern erschweren, sich als Wähler registrieren zu lassen. Menschen, die von Ihrer Führung und Ihrem Wohlwollen abhängig sind, zum Beispiel Soldaten, Häftlinge, Beamte und andere Angestellte staatlicher Betriebe, werden eher für Sie stimmen. Sorgen Sie dafür, dass diese Bevölkerungsteile in Massen registriert werden, am besten automatisch über ihren Arbeitsplatz. Wohlgesinnte Betriebe können die Wahl für ihre Angestellten organisieren und die komplette Belegschaft mit Bussen ins Wahllokal frachten.

Hingegen sollten die Wahllokale in Bezirken, in denen Sie weniger Anhänger haben, spät öffnen und früh schließen. Lange Schlangen vor den Lokalen wirken ebenfalls demotivierend und sind leicht zu bewerkstelligen. Und schließlich können die betreffenden Wahlbezirke noch zu wenige Stimmzettel und fehlerhafte Wählerregister haben. Kleine Unregelmäßigkeiten wie diese lassen sich leicht als menschliches Versagen unter den Tisch kehren. In armen Gegenden funktioniert es meist auch, durch kostenlose Mahlzeiten und Alkoholausschank Stimmen zu kaufen.

Natürlich können Sie die Opposition auf klassische Weise trakassieren und verhaften lassen, doch auch dies führt schnell zu Protesten. Sicher funktioniert diese Methode in Ländern wie Nordkorea, dessen Bevölkerung so unterdrückt ist, dass sowieso keiner zu protestieren wagt. Anderswo gibt es subtilere Methoden, Oppositionskandidaten zu vermeiden. Zum Beispiel können Sie einen Wahlantritt so kompliziert gestalten, dass Sie ihn jederzeit durch Formalitäten stoppen können.

Besonders clever ist es, die Opposition selbst zu bilden. Der kasachische Präsident Nursultan Nasarbajew musste sich täglich Vorwürfe anhören, er kneble die Opposition im Land. Da ließ er kurzerhand seine Tochter Dariga Nasarbajewa die Oppositionspartei »Asar« (»Alle zusammen«) gründen. Sie wurde 2004 ins Parlament gewählt. Nasarbajewa war eine Zeit lang Chefin des Medienkonzerns Khabar, von dem sie große Anteile besitzt und dessen Sender nur regierungsfreundliche Parteien zu Wort kommen lässt. Vor der Wahl bekam Asar ungefähr die Hälfte der politischen Sendezeit. Später fusionierte Asar mit der Regierungspartei Otan.

Auch Turkmenistan ging bei der letzten Präsidentschaftswahl im Februar 2012 mit gutem Beispiel voran. Mehrere Kandidaten standen zur Wahl, aber alle kamen aus der Partei des amtierenden Präsidenten Gurbanguly Berdimuhamedow. Alle priesen den Amtsinhaber, keiner forderte die Wähler auf, für sich zu stimmen. Kaum überraschend, dass Berdimuhamedow mit 97 Prozent einen überragenden Sieg erlangte.

Laut Josef Stalins Sekretär soll der sowjetische Diktator Folgendes gesagt haben: »Die Leute, die die Stimmen abgeben, entscheiden nichts. Die Leute, die die Stimmen zählen, entscheiden alles.« Wie üblich traf der alte Kommunist damit ins Schwarze. Die Hauptarbeit beginnt, nachdem die Wahllokale geschlossen haben. Lassen Sie die Wahlurnen über Nacht an einem schlecht bewachten Ort stehen, und Sie haben schon viel getan.

Leider wird es immer schwieriger, sich internationale Wahlbeobachter vom Leib zu halten. Die UN und andere zwischenstaatliche Organisationen fühlen sich verpflichtet, Wahlen unter autoritären Regime zu kontrollieren. Doch machen Sie sich nicht zu viele Sorgen. Durch aktiven Lobbyismus können Sie freundlich gesinnte Observatoren gewinnen. Gut geeignet sind Kontrolleure aus Ländern, die selbst ein Interesse daran haben, dass der Wahlbetrug nicht auffliegt. Dies können andere Diktaturen sein oder Länder, die vom Wohlwollen Ihrer Regierung oder den Rohstoffen Ihres Landes abhängig sind. Laden Sie Beobachter verschiedener Organisationen ein, dann besteht eine gute Chance, dass diese zu unterschiedlichen Ergebnissen kommen, was ihre Glaubwürdigkeit einschränkt. Gutachter der GUS (Gemeinschaft Unabhängiger Staaten, ein Club früherer Sowjetstaaten mit Sitz in Weißrussland) sind dafür bekannt, dass sie zweifelhafte Praktiken eher anerkennen als ihre Kollegen aus der EU.

Ein guter Diktator entscheidet selbst, wie viel Prozent der Wähler für ihn stimmen. Die Regel sind 99 Prozent. Sowohl Raúl als auch Fidel Castro erreichten dieses Ergebnis 2008 in ihren Wahlkreisen auf Kuba. Nordkoreas seliger Herrscher Kim Jong-il bekam 2009 bei der Parlamentswahl 99,9 Prozent. Die Wahlbeteiligung lag bei 99,98 Prozent. Den Rekord hielt lange Zeit Saddam Hussein mit 100 Prozent, als er 2002 sein Volk für weitere sieben Jahre um Vertrauen bat. Doch dann machte Wladimir Putin das Unmögliche möglich: Bei der russischen Präsidentschaftswahl 2012 erhielt der Diktator-Aspirant im Wahlkreis 451 der tschetschenischen Hauptstadt Grosny 1482 Stimmen. Sein größter Rivale, der Kommunist Gennady A. Zyuganow, bekam nur eine. Insgesamt waren dort 1389 Wähler registriert, was Putin einen Prozentsatz von 107 gab. Imponierend!

Oft stellt sich die Frage, welchen Prozentsatz ein Diktator erreichen *sollte*. Ist der Wahlsieg zu hoch, kann es zu Protesten kommen, aber ist er zu niedrig, könnte die Opposition verlangen, am politischen Geschehen beteiligt zu werden. Ergebnisse über 90 Prozent erwecken automatisch Misstrauen im Rest der Welt, doch manche Diktatoren mögen diese Kritik nicht nachvollziehen. Weißrusslands Präsident Alexander Lukaschenko klagt des Öfteren, westliche Politiker seien nie zufrieden. Nachdem sie ihn des Wahlbetrugs bezichtigt hatten, passte er sein Wahlergebnis nach unten auf 86 Prozent an. Direkt nach der Wahl sagte er zu ukrainischen Journalisten: »Ja, wir haben das Wahlergebnis manipuliert, aber der Westen weiß Bescheid.«

Der Präsident zeigte sich enttäuscht, als die westlichen Kritiken nicht verstummten. »In Wirklichkeit stimmten 93,5 Prozent für mich, aber dies sei kein europäisches Ergebnis, hieß es, also änderten wir es in 86 Prozent. Vor der Wahl sagten sie, wir müssten ein europäisches Ergebnis vorweisen, damit die Wahl anerkannt würde. Aber wie Sie sehen, hat dies auch nichts geholfen.«

Beginnen Sie bei den Kindern

»Es gelingt wohl, alle Menschen einige Zeit und einige Menschen allezeit, aber niemals alle Menschen alle Zeit zum Narren zu halten«, hat Abraham Lincoln gesagt. Lincoln war ganz klar kein Diktator. Die meisten Despoten jedoch verwenden viel Zeit darauf, ihrem Volk zu erzählen, wie gut es ihm unter ihrer Leitung geht.

Propaganda gehört zu den wichtigsten Werkzeugen eines Diktators. In allen Diktaturen existiert ein Propagandaministerium oder eine ähnliche Institution, die in demokratischen Ländern selten zu finden ist. Der Informationsstrom an das Volk muss kontrolliert werden!

Propaganda kann viele Formen annehmen. In etlichen Ländern hängen riesige Plakate mit Aufrufen an die Bevölkerung oder Weisheiten des jeweiligen Diktators. Schulbücher werden angepasst und mit Lobreden auf das Regime gespickt, was einige Beispiele aus dem Irak zur Zeit Saddam Husseins demonstrieren sollen.

Amal und Hassan sind zwei Leitfiguren eines Grundschullesebuchs. Amal hält ein Saddam-Porträt in die Höhe und sagt: »Komm, Hassan, lass uns für unser Vaterland singen, die Stifte nehmen und schreiben: ›Unser geliebter Saddam.‹« Hassan antwortet: »Ich singe: ›O Saddam, unser mutiger Präsident. Wir sind alle Soldaten, die für dich Waffen tragen, unsere Grenzen verteidigen und zum Sieg marschieren.‹«

Kein Schulfach war vor der Propaganda sicher. Bei der Gymnastik riefen die Kinder: »Bush, Bush, hör zu: Wir lieben alle Saddam«, und in den Mathematikbüchern standen Aufgaben wie die folgende: »Wenn du vier amerikanische Flugzeuge mit jeweils drei Mann Besatzung abschießt, wie viele Feinde tötest du dann?«

Wenn die Dinge nicht wie erwartet laufen, hat man immer noch die Möglichkeit zu bluffen. Ist die Ernte dürftig? Schreiben Sie in den Zeitungen, dies sei ein Rekordjahr! Schon wieder Kritik von der UN? Untermalen Sie die Bilder aus der Generalversammlung mit tosendem Applaus. Die Wahrheit ist nie absolut.

In den frühen Achtzigerjahren befahl Rumäniens Präsident Nicolae Ceauşescu, fast alle landwirtschaftlichen Produkte zu exportieren, um die enormen Auslandsschulden zu tilgen, die er gemacht hatte. Das Volk begann zu hungern, aber Ceauşescu behauptete keck, die Rumänen äßen zu viel, und entwickelte seine eigene, natürlich wissenschaftlich bewiesene Diät. Sie war vegetarisch und so gut wie milchfrei. In einem Propagandafilm zeigte Ceauşescu große Mengen Fleisch und Obst, um zu beweisen, dass die Produktionsziele erreicht seien. Fast alle gezeigten Lebensmittel waren Requisiten.

Rassenwahn

Eine der wirkungsvollsten Strategien der Propaganda ist es, die Bevölkerung gegen einen äußeren Feind aufzuhetzen und an ihre nationalistischen und rassistischen Instinkte zu appellieren. Kein zeitgenössisches Regime hat dies konsequenter durchgezogen als die nordkoreanische Kim-Dynastie. Hier können Sie von drei Diktatorengenerationen lernen! Seit Kim Il-sung 1945 an die Macht kam, haben die Herrscher in Pjöngjang ihren Untertanen ein äußerst fantasievolles Weltbild vermittelt, das in der heutigen Zeit seinesgleichen sucht.

Das Geheimrezept der nordkoreanischen Propaganda liegt darin, dass sie immer zwei Versionen einer Geschichte ausgibt: eine für die nordkoreanische Bevölkerung und eine für das Ausland. Durch diese List bekommen Fremde nicht mit, wie sehr das Volk der Propaganda ausgesetzt ist. Gleichzeitig erfahren die Nordkoreaner indirekt, wie falsch ihr Land von der Außenwelt aufgefasst wird. Verwirrt? Da sind Sie nicht der Einzige. Seit über sechzig Jahren führt das Propagandaministerium von Pjöngjang Amerikaner, Russen und den Rest der Welt an der Nase herum.

Den Grundstein für das propagandistische Weltbild haben die Japaner gelegt. 1905 wurde Korea japanisches Protektorat, 1910 annektierte Japan die koreanische Halbinsel. Bis dahin hatten die Koreaner sich als Angehörige der chinesischen Kultur verstanden, nun wurden sie japanisiert. Beide Völker gehörten kaiserlichen Kulturen an, die sich als moralisch überlegen gegenüber anderen betrachteten. Die Koreaner durften nationalistisch bleiben, solange sie sich an das richtige Kaiserhaus hielten.

Im August 1945 verjagten sowjetische Truppen die Japaner aus Korea und errichteten ihr Hauptquartier in Pjöngjang. Amerikanische Truppen landeten im September und übernahmen die Kontrolle über den südlichen Teil der Halbinsel. Stalin war wie üblich nicht geneigt, die befreiten Landesteile auch von seinem Einfluss zu befreien. Er brauchte einen ihm wohlgesinnten Staatschef und fand niemand Besseren als Kim Il-sung.

Der 33-Jährige debütierte im Oktober 1945 auf einer Massenversammlung, die den sowjetischen Befreiern huldigte. Er hatte den Zweiten Weltkrieg in der Sowjetunion verbracht und schon früher in Maos Truppen gegen die Japaner gekämpft. Ein Angriff auf ein japanisches Militärlager hatte ihm 1937 einen Ruf als Guerillakrieger eingebracht.

Da man in Nordkorea nicht viel vom Marxismus wusste, begann das Regime, seine eigene Version davon aufzubauen, die wenig mit der ursprünglichen Lehre zu tun hatte. Vieles wurde aus der japanischen Okkupationspropaganda übernommen, besonders die Idee der Herrenrasse. Der Vulkan Paektusan, höchster Gipfel des Landes, übernahm dieselbe Funktion als heiliger Berg wie der Fudschijama in Japan.

Die zugehörige Rassenideologie schreibt den Koreanern einzigartige Eigenschaften zu. Sie sind rein und unschuldig geboren und deshalb auch verletzlich wie Kinder, die man vor einer feindlichen Umwelt beschützen muss. Die nordkoreanische Propagandaliteratur ist voller Geschichten von naiven, kindlichen Koreanern und mütterlichen Beschützern. Korea ist ihr natürliches Habitat, schön, sicher und ebenfalls mütterlich. In den Geschichtsbüchern werden die alten Sagen zu historischen Fakten. Ihnen zufolge entstammen die Koreaner Asiens ältester Nation. Doch seit Jahrhunderten versuchen gierige Ausländer, ihre Klauen in die Naturschätze der friedliebenden Koreaner zu schlagen.

So wurde Kim Il-sung zum heldenhaften Guerillakrieger, der die grausamen Besatzer von seiner geheimen Basis auf dem Paektusan aus bekämpft. Dass er die Kriegsjahre in Wirklichkeit in der Sowjetunion verbrachte, nimmt man nicht so genau.

Im August 1948 erklärte Südkorea sich für unabhängig, und Nordkorea folgte kurz darauf. Gleichzeitig schmiedete Kim Pläne für eine militärische Wiedervereinigung. Die Propaganda erzählte von einer grausamen amerikanischen Okkupation, von der man die Brüder und Schwestern im Süden befreien müsse. Die USA griffen in den Krieg ein und bombardierten Nordkorea. Dort wurden die Amerikaner als degenerierte, rückständige und von Natur aus böse Rasse dargestellt. Eine Kurzgeschichte mit dem Titel »Die Schakale« erzählt die Geschichte eines amerikanischen Missionars, der ein koreanisches Kind durch die Injektion tödlicher Bakterien umbringt. Die Erzählung ist noch immer populär und wird als wahr angesehen.

Der Koreakrieg wurde von Nordkorea begonnen, und es war Nordkorea, das um Verhandlungen bat, als das Blatt sich zu wenden begann. In Nordkorea lautet die offizielle Version, dass die USA mit einem feigen Angriff aus dem Hinterhalt begannen. Das Waffenstillstandsabkommen vom 27. Juli 1953 wird dort als »Kapitulation des Feindes« bezeichnet.

Auch mit seinem wichtigsten Verbündeten, der Sowjetunion, spielte Nordkorea ein doppeltes Spiel. Die Propaganda verbreitete weiterhin die Botschaft der koreanischen Herrenrasse, doch andererseits musste Kim als Alliierter und Teil des sowjetischen Lagers agieren. 1955 sagte er in einer Rede: »Die Sowjetunion lieben heißt Korea lieben«, doch gleichzeitig verbot er die Eröffnung eines russischen Theaters in Pjöngjang. Diplomaten des Warschauer Pakts (1955–1991) berichteten des Öfteren von einer ausländerfeindlichen Stimmung. Auf der Straße seien sie sogar von Kindern mit Steinen beworfen worden.

Glaubt man den Medien des Landes, gibt es in Nordkorea keine Kriminalität. Die tugendhaften Koreaner sind von Natur aus zu keinem Verbrechen fähig, sie können höchstens von bösen Fremden dazu verleitet werden oder kindliche Streiche spielen. Nicht einmal politische Gefangene werden irgendwelcher Verbrechen bezichtigt, wie es in anderen Diktaturen üblich ist. Sie hören einfach auf zu existieren.

Was der nordkoreanischen Propaganda fehlte, war ein akademisch begründetes Manifest. Im Dezember 1955 benutzte Kim zum ersten Mal das Wort *juche* (»Subjekt«) und meinte damit die koreanische Revolution. Im Westen wurde die Rede als Inbegriff des koreanischen Nationalismus gedeutet. In den

Sechzigerjahren schließlich wurde die *Juche*-Theorie als Kims intellektueller Beitrag zum Marxismus gepriesen. Der Propaganda zufolge beugen sich Politikwissenschaftler in aller Welt über Kim Il-sungs und Kim Jong-ils *Juche*-Theorien. Da Kim Il-sung nie als großer Denker galt, musste eine Geschichte her, in der man den *Juche*-Gedanken verankern konnte. In der offiziellen Version hat der Landesvater seine »Ideologie« schon 1930 mit 18 Jahren auf einem Treffen von Revolutionären vorgetragen. 1997 wurde ein neuer Kalender eingeführt, in dem Kim Il-sungs Geburtsjahr 1912 *juche 1* ist.

Juche hat den großen Vorteil, so vage zu sein, dass es im Grunde nichts aussagt. Das Grundprinzip lautet: »Der Mensch ist Herr über alles und bestimmt alles.« Weiterhin bedeutet *juche*, dass Korea politisch, wirtschaftlich und militärisch autonom sein muss. Das Regime selbst hat dies locker ausgelegt und stets gern Unterstützung von der Sowjetunion, China und sogar von den USA angenommen. In der Praxis erfüllt *juche* hauptsächlich zwei Funktionen: Zum einen erhebt es Kim Il-sung in die Riege der politischen Denker, zum anderen lenkt es Ausländer von der eigentlichen Propaganda und deren rassistisch-nationalistischer Paranoia ab.

Ein äußerer Feind eint die Bevölkerung, was die nordkoreanische Führung zu nutzen weiß. Zwar war Antiamerikanismus fester Bestandteil aller kommunistischen Propaganda, doch nirgends hat er groteskere Ausmaße. Die degenerierten US-Amerikaner seien auf ewig Koreas Erzfeinde. Sie seien böse geboren und könnten sich nie ändern. »Wie ein Schakal niemals zum Lamm werden kann, verlieren amerikanische Imperialisten nie das Raubtier in sich«, heißt es. Auf Bildern werden sie mit langen, krummen Nasen und eingesunkenen Augen dargestellt. Nach dem Zweiten Weltkrieg hätten sie Südkorea machtgierig besetzt, und die dortige Bevölkerung lebte unter schlimmsten Bedingungen und träumte von einer Wiedervereinigung unter nordkoreanischer Führung.

Doch nicht nur die Amerikaner bekommen ihr Fett ab. Alle anderen Rassen sind den Koreanern unterlegen. Selbst mächtige Verbündete werden als Vasallenstaaten Nordkoreas dargestellt, denn das Land ist eine unbesiegbare Supermacht. Verhandlungen mit den USA sind stets gleichbedeutend mit amerikanischer Kapitulation. Gleichzeitig ist Nordkorea ein Opfer amerikanischer Aggression – Propaganda kennt nämlich keine Widersprüche.

In den letzten Jahren ist es schwieriger geworden, die Grenzen geschlossen zu halten. Während der Hungersnot der Neunzigerjahre flüchteten Tausende Nordkoreaner nach China. Wer zurückkam, berichtete vom hohen Lebensstandard im Nachbarland. Viele empfangen (trotz des selbstverständlichen Verbotes) südkoreanische Radio- und Fernsehsender, und DVDs mit südkoreanischen Seifenopern strömen über die Grenzen. Sie sind so beliebt, dass der staatliche Fernsehsender eine Kampagne gegen südkoreanische Frisuren, Kleider und den südkoreanischen Slang betreibt.

All dies macht es schwieriger, aber nicht unmöglich, die Propaganda aufrechtzuerhalten. Zum Glück sind auch südkoreanische Medien ziemlich antiamerikanisch eingestellt, doch der Wohlstand des Nachbarlandes ist schwer zu leugnen. Pjöngjang räumt inzwischen ein, dass es den Südkoreanern materiell besser gehe, doch sehnten sie sich nach der Freiheit und der Rassenreinheit im Norden. Die USA versuchen nur, ihre Kolonie zu einem Aushängeschild zu machen.

Im Juni 2011 veröffentlichte der staatliche Sender einen globalen Glücksindex. Überraschenderweise steht Nordkorea dort nur auf Platz 2. China führt die Liste mit 100 von 100 Punkten an. Nordkorea bekam 98, dann folgen Kuba (93 Punkte), der Iran (88 Punkte) und Venezuela (85 Punkte). Südkorea landete mit 18 Punkten auf dem 152. Platz, und an letzter Stelle stehen natürlich die USA. Ein Hauch von Kritik durchweht den Index, denn der chinesische Wohlstand lässt sich nicht länger abstreiten.

Ein weiterer Vorteil der nordkoreanischen Propaganda ist, dass sie keinerlei materiellen Wohlstand verspricht. Während der Marxismus und Leninismus davon ausgehen, dass das Volk mit der Zeit reicher wird, behauptet das nordkoreanische Regime, die Bedrohung von außen erfordere einen höheren Verteidigungshaushalt auf Kosten des Wohlstands. Der Schutz der koreanischen Rasse sei die wichtigste Aufgabe, auch wenn er materielle Opfer bedeute.

Die Außenwelt erfährt nichts von diesem Rassenwahn. Nach außen präsentiert sich Nordkorea als marxistischer Staat mit lokaler Prägung durch *juche*. Außenstehende *sollen* ja glauben, die interne Propaganda stelle das Land als kommunistisches Paradies dar. Aber was erfahren die Nordkoreaner über das Verhältnis ihres Landes zum Rest der Welt? Ausländer betrachten das Land mit Ehrfurcht und studieren *juche*, was das Zeug hält. Aber da sie niederen Rassen angehören, gibt es keinen Grund, sie mit Respekt zu behandeln. Nicht ohne Grund werden nordkoreanische Regierungsmitglieder und Diplomaten oft als arrogant und herablassend beschrieben.

Betrachten Sie Nordkoreas gut geölte Propagandamaschine als Exempel, und Sie werden sich auch unter schwierigen Umständen als Diktator an der Macht halten. Nur so gelingt es Ihnen, ziemlich viele Menschen über ziemlich lange Zeit zum Narren zu halten.

3. Wie man einen Personenkult aufbaut

In einer waschechten Diktatur ist der Diktator allgegenwärtig. Statuen und überdimensionale Porträts des Herrschers prägen den öffentlichen Raum, doch das ist nicht alles, denn ein guter Diktator durchdringt die *gesamte* Gesellschaft. Er füllt jeden Winkel des Landes, verbirgt sich in jeder Landschaft und dringt seinen Untertanen bis unter die Haut.

Die Omnipräsenz ist geradezu eine Bedingung, um lange an der Macht zu bleiben. Wenn Sie in den Augen des Volkes nicht auf einer Stufe mit Gott stehen, könnte es an Ihrer Unfehlbarkeit zweifeln. Das darf nicht passieren, denn Sie sind die Voraussetzung für das Wohlergehen Ihrer Untertanen! Die Formel lautet »Führer = Staat« – ohne Sie kein Staat.

Der Personenkult ist deshalb weit mehr als eine Macke von Diktatoren. Natürlich macht es Spaß, Gott zu sein, aber der Kult hat vor allem praktische Bewandtnis. Allem voran erschafft er Furcht. Das Gefühl, dass Sie überall und immer zur Stelle sind, bremst potenzielle Dissidenten. Ein Rebell wird es sich zweimal überlegen, ob er einen Aufruhr anzetteln soll, wenn Sie hinter der nächsten Ecke lauern. Zweitens verleiht Ihnen der Kult eine Aura der Unbesiegbarkeit. Götter fordert man nicht heraus. Und drittens gibt er Ihnen absolute Macht.

Ihre Führung anzuzweifeln kommt einer Störung der natürlichen Ordnung gleich.

Es ist kein Grund zur Sorge, wenn die Macht Ihnen ein wenig zu Kopfe steigt. »Power tends to corrupt, and absolute power corrupts absolutely«, schrieb der englische Historiker und Parlamentarier Sir Lord John Dalberg-Acton 1887. Nach einer gewissen Zeit im Amt glaubt jeder Diktator seine eigene Propaganda.

Im Folgenden präsentieren wir die wichtigsten Hilfsmittel, mit denen ein Despot die Welt nach seinem Bilde schafft, dann sollen ein paar Beispiele zeigen, wie der Kult am besten in die Praxis umgesetzt wird.

1. *Bilder und Statuen überall:* Regel Nummer 1 lautet: Seien Sie sichtbar. Stellen Sie auf allen öffentlichen Plätzen Ihre Statue auf, in Sportarenen, Verkehrskreiseln, kurz – überall, wo Menschen täglich vorbeikommen. Ihr Porträt muss in allen Behörden und Büros hängen, in Schulen, Krankenhäusern und Postämtern. Jeder muss sehen, wer der oberste Chef ist. Nicht alle Diktatoren achten darauf, dass diese Bilder aktuell sind, manche lassen sogar absichtlich jahrzehntealte Konterfeis stehen und hängen, um jugendlich zu wirken. Andere wiederum legen Wert auf zeitgenössische Darstellung. Als Turkmenistans seliger Staatschef Saparmyrat Nyýazow sein graues Haar schwarz färbte, mussten alle Bilder des Präsidenten ausgetauscht oder retuschiert werden. Ein Heer von Malern wurde angeheuert, um die riesigen Konterfeis an den Wänden der Hauptstadt über Nacht anzupassen. Die Propaganda pries Nyýazows schwarzes Haar als Zeichen seines guten Gesundheitszustandes.

2. *Geben Sie sich einen Titel:* Ein Titel oder Beiname klingt immer gut und erhebt Sie über die ordinären Kollegen aus anderen, womöglich demokratischen Ländern. Der Titel sollte

Staatsmännlichkeit, Mut, Väterlichkeit und Liebe ausdrücken. Tiernamen eignen sich gut zu diesem Zweck. Zaires langjähriger Diktator Mobutu nahm den imponierenden Namen Mobutu Sese Seko Kuku Ngbendo waza Banga an, übersetzt: »Der allmächtige Krieger, der ausdauernd und zielbewusst von Sieg zu Sieg schreitet und Feuer in seinen Fußspuren hinterlässt«. In Unkenntnis seiner Bestimmung hatten seine Eltern ihn mit dem bescheidenen Namen Joseph-Desiré bedacht. Wenn es einmal schnell gehen soll, wird Mobutu nur »Der Leopard« genannt. Auf den Seiten dieses Büchleins finden Sie viele klangvolle Beispiele – geben Sie sich einen Beinamen, bevor andere es tun!

3. *Erfinden Sie eine Staatsphilosophie mit schönem Namen:* Religion »ist das Opium des Volkes«, schrieb Karl Marx, und nichts hält Ihre Untertanen besser in Schach als Opium. Leider ist es nicht so leicht, die ganze Bevölkerung in einen kontinuierlichen Drogenrausch zu versetzen (ganz zu schweigen von den Nebenwirkungen), aber Marx hat uns gelehrt, dass wir das Opium auch durch bestimmte Denkweisen ersetzen können. Es muss nicht immer Religion sein, eine Ideologie tut es genauso gut. Die Praxis hat gezeigt, dass Staatsideologien hervorragend als Religionsersatz taugen. In der Sowjetunion hatte der Marxismus diese Rolle übernommen. Jeder Diktator, der etwas auf sich hält, erschafft eine nationale Ideologie mit religiösem Charakter. Vergessen Sie nicht, sich selbst eine zentrale Rolle in der offiziellen Mythologie zu geben.

Muammar al-Gaddafis Ideologie trug den hübschen Titel »Die dritte internationale Theorie«, auch »Dritte Universaltheorie« genannt. Sie ist eine Mischung aus islamischen Elementen, libyschen Stammestraditionen, Sozialismus und panarabischem Nationalismus.

4. *Schreiben Sie ein Buch:* Das Volk muss Ihre politischen Gedanken teilen. Schreiben Sie diese nieder. Die meisten Politiker verfassen mit oder ohne Ghostwriter ordinäre Sachprosa. Dagegen müssen Ihre Schriften visionär sein, moralische Richtlinien enthalten und die Nation aufbauen. Auch Belletristik hat sich des Öfteren als Träger einer solchen Botschaft bewährt. Sehr praktisch ist ein kleines Buch nach dem Vorbild der Mao-Bibel, jener Sammlung weiser Worte des Vorsitzenden, die seinerzeit alle Chinesen bei sich trugen.

5. *Sorgen Sie dafür, dass die Nachrichten von Ihnen handeln:* Es gibt nur einen einzigen Grund für die Existenz staatlicher Medien: Sie sind da, um der Welt von Ihnen und Ihren Taten zu berichten. Stellen Sie sicher, dass Zeitungen, Radio und Fernsehen über alle Ihre offiziellen Tätigkeiten berichten, egal, wie belanglos sie sind. Nichts, was Sie tun, ist zu unwichtig für die Medien, solange es nichts Negatives über Sie enthält.

6. *Benennen Sie alles Mögliche nach Ihnen:* Da Sie die wichtigste Person des Landes sind, haben alle wichtigen Gebäude und Orte selbstverständlich Ihren Namen zu tragen. Jede nennenswerte Stadt braucht mindestens eine Straße, die nach Ihnen benannt ist. Auch Schulen, Universitäten und Krankenhäuser tragen natürlich den Namen des Wohltäters, der sie finanziert, sprich Ihren. Und vergessen Sie die Flughäfen nicht, wo Ihr Name das Erste und Letzte ist, was Reisende von Ihrem Land sehen. Wer die große Trommel rühren will, benennt am besten eine ganze Stadt nach sich. Rafael Trujillo taufte die dominikanische Hauptstadt von Santo Domingo in »Ciudad Trujillo« um. Der höchste Berg des Landes wurde vom Pico Duarte zum Pico Trujillo.

7. *Erlassen Sie komische Gesetze:* Seltsamerweise vergessen viele Diktatoren diesen Punkt. Dabei ist es unglaublich amüsant, wenn das Volk dem kleinsten Fingerzeig folgt,

den Sie tun. Es mag wenig sinnvoll erscheinen, das Trommelspielen an Werktagen zu verbieten, wie es Bokassa in der Zentralafrikanischen Republik tat, aber solche Gesetze zeigen dem Volk, wie sehr die Macht an Ihre Person gebunden ist. *Sie* bestimmen – und kein anderer.

Der Sonnenkönig

Saparmyrat Ataýewiç Nyýazow wurde 1990 Vorsitzender im Obersten Sowjet Turkmenistans, also faktisch Regierungschef der damaligen Sowjetrepublik. Als die Sowjetunion ein Jahr später zerbrach, erklärte der Rat Turkmenistan für unabhängig und Nyýazow zum Präsidenten. Im Juni 1992 gewann er als einziger Kandidat bei den ersten Präsidentschaftswahlen einen überragenden Sieg mit 99,5 Prozent der Stimmen.

Nyýazow baute die Staatsideologie der jungen Nation von Anfang an systematisch um seine Person herum auf. Er gab sich den Titel »Turkmenbaschi« (»Vater aller Turkmenen«), der oft zu »Turkmenbaschi der Große« erweitert wurde. Im ganzen Land ließ er Plakate mit seinem Bild aufhängen, unter dem stand: »Halk Vatan Turkmenbaschi« (»Volk Nation Turkmenbaschi«) – eine heilige Dreieinigkeit, die die Essenz Turkmenistans ausmachen sollte.

Auf den ersten Blick könnte man meinen, Turkmenistan sei kaum die Mühe wert, die es kostet, Diktator zu werden. Weniger als 5 Prozent der Landesfläche sind fruchtbar, der Rest ist subtropische Wüste. Das Land hat 6,7 Millionen Einwohner, von denen ein Großteil unter der Armutsgrenze lebt. Aber Turkmenistan besitzt eines der weltgrößten Gasvorkommen. Nichts gibt einem Diktator mehr Spielraum als Öl oder Gas.

Außerdem liegt das Land strategisch zentral, es grenzt an die geopolitischen Brennpunkte Iran und Afghanistan.

Der Turkmenbaschi hat einen der umfassendsten und bizarrsten Personenkulte der Welt etabliert. Er benannte alles nach sich selbst. Wer das Land besucht, landet auf dem Saparmyrat-Turkmenbaschi-Airport und fährt durch etliche gleichnamige Straßen. Die Stadt Krasnowodsk am Kaspischen Meer wurde in »Turkmenbaschi« umbenannt, ebenso der höchste Berg des Landes. Das Bild des Präsidenten prangte sogar auf Wodkaflaschen. Wer das Staatsoberhaupt riechen wollte, konnte dies mit Turkmenbaschi-Parfüm tun. Doch damit nicht genug. Am 20. Juni 1998 schlug ein Meteorit in Turkmenistan ein – und wurde auf der Stelle auf den Namen »Turkmenbaschi« getauft.

Nyýazow führte sogar neue Namen für die Monate und Wochentage ein. Selbstverständlich bekam der erste Monat des Jahres seinen Namen. Der April wurde zu Ehren seiner Mutter »Gurbansoltan« genannt, der Mai nach dem turkmenischen Nationaldichter »Machtum-Kuli«, und der September hieß fortan »Ruhnama« – nach dem Buch des Diktators. Die Ehrung seiner Mutter war dem Turkmenbaschi ein besonderes Anliegen. Ihr voller Name »Gurbansoltan Edzhe« ersetzte fortan das alte Wort für das Grundnahrungsmittel Brot. Nur der Freitag behielt seinen alten Namen, die Wochentage wurden übersetzt wie folgt benannt: Haupttag (*basch gün),* junger Tag, guter Tag, gesegneter Tag, *anna* (Freitag), Tag der Seele (*ruh gün* – an diesem Tag sollte die *Ruhnama* gelesen werden) und Tag der Erholung.

Als guter Diktator erließ Nyýazow etliche kuriose Gesetze. Männern wurden lange Haare und Bärte verboten. Reisende, die das nicht mitbekommen hatten, wurden an der Grenze geschoren und rasiert. Als der Landesvater 1997 mit dem Rauchen aufhörte, verbot er es gleich auf allen öffentlichen Plätzen. Goldzähne, ein beliebtes Statussymbol in vielen früheren Sowjetrepubliken, wurden ebenfalls verboten.

Der Diktator bannte Ballett, Oper und Zirkus. Sängern war das Playback bei Auftritten strengstens untersagt, und weibliche Nachrichtensprecher durften keine Schminke mehr benutzen. Turkmenische Frauen seien auch ohne künstliche Hilfsmittel hübsch, meinte der Präsident, und mit Schminke könne er Männer und Frauen nicht voneinander unterscheiden.

Selbstverständlich wurden überall Statuen des Vaters aller Turkmenen aufgestellt. Die Krönung war der 75 Meter hohe Turm vor dem Präsidentenpalast in der Hauptstadt Aschgabat. Das auf drei Füßen stehende Bauwerk bekam den Namen »Neutralitätsbogen« und bildete den Sockel für eine 10 Meter große, rundum vergoldete Statue des Turkmenbaschi. Die Statue rotierte, damit das Gesicht des Herrschers stets der Sonne zugewandt war.

Das literarische Meisterwerk *Ruhnama* (»Buch der Seele«) wurde zur neuen Bibel Turkmenistans. Es ist eine im wahrsten Sinne des Wortes selige Mischung aus Autobiografie, spiritueller Anleitung und Geschichtsbuch. In allen Moscheen des Landes musste es neben dem Koran stehen. Man diskutierte, ob man den Turkmenbaschi offiziell zum islamischen Propheten ausrufen könne, ließ es aber bleiben, um keine Muslime außerhalb Turkmenistans zu verärgern.

Nyýazow folgte den oben genannten Regeln Punkt für Punkt. Er schuf einen Personenkult, wie er außerhalb Nordkoreas kaum noch für möglich gehalten wurde. Leider Gottes verstarb er am 21. Dezember 2006, doch sein Nachfolger Gurbanguly Berdimuhamedow tut sein Bestes, um in die Fußstapfen des Landesvaters zu treten.

Wenn ein Diktator die Macht von einem anderen Diktator übernimmt, hat er zwei Möglichkeiten, um seinen eigenen Personenkult zu schaffen. Er kann den des Vorgängers weiterführen oder ihn beenden und von vorn beginnen. Ein gutes Beispiel für Ersteres ist die nordkoreanische Führung, Berdimuhamedow entschied sich für Letzteres. Als früherer Minister in Nyýazows Kabinett konnte er das Regime seines Vorgängers nicht verurteilen. Stattdessen beendete er die Omnipräsenz des Turkmenbaschi Schritt für Schritt und setzte sich an dessen Stelle.

Nach dem Machtwechsel verschwanden die Statuen und Bilder des Vorgängers allmählich. Die Monate und Tage bekamen ihre alten Namen zurück, man aß wieder »Brot«, und das Examen in *Ruhnama* war nicht mehr obligatorisch für die Aufnahme an der Universität. 2013 verschwand das Werk vom Lehrplan der Grundschulen.

Turkmenistans neuer Diktator hielt sich ein paar Jahre lang zurück. Er publizierte Bücher über turkmenische Pferde und turkmenische Pflanzenheilkunde, doch sonst erinnerte wenig an die visionären Bauprojekte und das grandiose Selbstbild seines Vorgängers. Erst 2011 kam der Stein ins Rollen. Die Medien verbreiteten nun den Beinamen »Arkadag« (»Beschützer«). Später verlieh ihm der Ältestenrat des Landes offiziell diesen Titel.

Fortgeführt wird die Tradition, den Regierungsperioden der Präsidenten wohlklingende Namen zu geben. Der Turkmenbaschi führte die Nation in die »Ära des großen Wiederaufbaus« und das »Goldene Zeitalter«, Arkadag begann mit der »Ära der großen Wiedergeburt«, und im Februar 2012 ging es dem Land so gut, dass die Medien das »Zeitalter des höchsten Glücks« ausriefen.

Wie sein Vorgänger benennt auch Berdimuhamedow Einrichtungen oder Dinge nach Familienmitgliedern. Eine Landschule in der Provinz Akhal trägt den Namen seines Großvaters. Im Gegensatz zu den meisten anderen Schulen des Landes ist sie mit Computern ausgerüstet. Der Vater des Präsidenten war Polizist, und seine frühere Einheit trägt nun seinen Namen. Das Büro des Vaters wurde wiederaufgebaut und zum Museum erklärt.

Es dauerte ein paar Jahre, bis Berdimuhamedow-Statuen aus dem Boden sprossen. Die erste wurde im März 2012 enthüllt und zeigt den Präsidenten in weißem Marmor zu Pferde. Offenbar ist der Diktator ein Pferdenarr, denn er hat nicht nur das erwähnte Pferdebuch geschrieben, sondern auch einen eigenen Feiertag für Turkmenistans nationale Pferderasse, den Achal-Tekkiner, eingeführt.

Nebenbei zeigt der Präsident großes künstlerisches Talent. Nach einem Fernsehauftritt, bei dem er Gitarre gespielt und seine eigene Komposition »My White Roses for You« gesungen hatte, wurde seine Gitarre sofort zum Nationalschatz erklärt und ins Museum gebracht.

Papa Voodoo

Zwar gehören die turkmenischen Diktatoren zu den Klassenbesten, doch sind sie längst nicht die einzigen, die einen umfassenden Personenkult aufgebaut haben. Ein weiteres schillerndes Vorbild ist François Duvalier, der Haiti von 1954 bis zu seinem Tod im Jahr 1971 regierte.

Duvalier wurde 1907 geboren. Damals regierte eine Elite aus Mulatten das Land, die schwarze Bevölkerung lebte zum größten Teil in Armut. Der junge Duvalier hatte in Haiti und den USA Medizin studiert. 1943 arbeitete er für eine amerikanische Kampagne, die die Verbreitung tropischer Krankheiten wie Typhus und Malaria eindämmen sollte. Zufriedene Patienten nannten ihn »Papa Doc«, ein Name, den er für den Rest seines Lebens behalten sollte.

In Haiti engagierte sich Papa Doc für die Négritude-Bewegung, die gegen die Unterdrückung der Schwarzen kämpfte. Auch der haitianische Voodoo-Kult zog ihn an, was ihm später als Diktator zugutekommen sollte.

Duvalier wurde Gesundheits- und Arbeitsminister der haitianischen Regierung, doch nach General Paul Magloires Coup musste er 1950 untertauchen. Magloire verließ das Land 1956 nach einer Serie von Streiks und Protesten. 1957 trat Duvalier als Wunschkandidat der militärischen Führung zur Präsidentschaftswahl an. Seine politische Botschaft war, dass die mulattische Oberschicht auf Kosten der schwarzen Mehrheit reich geworden sei. Die ersten Ergebnisse kamen von der Insel Gonave, die vor der Hauptstadt Port-au-Prince liegt. Duvalier bekam 18 841 Stimmen, sein Gegner Louis Déjoie nur 463. Ein imponierendes Ergebnis, besonders weil Gonave damals nur 13 302 Einwohner hatte. Insgesamt bekam Duvalier 678 860 Stimmen und Déjoie 264 830.

Es dauerte nicht lange, bis Papa Doc eine Treibjagd auf seine Gegner veranstaltete. Er gründete eine paramilitärische Geheimpolizei, die Oppositionelle folterte und ermordete und ungesetzliche Steuern eintrieb. Die gefürchtete Truppe bekam den Namen »Tonton Macoute« (»Onkel Umhängesack«) nach einer mythischen Butzemannfigur, die kleine Kinder in den Sack steckt, um sie zu fressen. Die Tontons taten ihr Bestes, um dem Namen Ehre zu machen. Manchmal enthaupteten sie ihre Opfer und ließen die Köpfe zur Abschreckung auf der Straße liegen.

Duvalier sorgte dafür, dass seine Verbindungen zu der auf Haiti weit verbreiteten Voodoo-Religion bekannt wurden.

Wenn er Reden hielt, starrte er in die Luft, flüsterte seine Worte und bewegte sich ganz langsam, was als Zeichen des Kontakts zur Geisterwelt galt. Er lud Voodoo-Priester in seinen Palast ein und ließ das Gerücht verbreiten, er besitze übernatürliche Kräfte. »Meine Feinde können mir nicht schaden, ich bin bereits ein immaterielles Wesen«, verkündete er. 1963 behauptete er sogar, der Mord an John F. Kennedy wäre geschehen, weil er den amerikanischen Präsidenten mit einem Fluch belegt hätte.

Im Jahr 1959 erlitt Duvalier einen Herzinfarkt und ernannte Clément Barbot, den Anführer der Tontons, zu seinem Stellvertreter. Nach seiner Genesung verdächtigte er Barbot der geplanten Machtübernahme und ließ ihn ins Gefängnis werfen. 1963 kam der Exstellvertreter frei und ging in den Untergrund. Die Tontons fanden sein Hauptquartier und durchlöcherten es mit MP-Salven. Dann traten sie die Tür auf, und ein schwarzer Hund sprang hinaus. Das Haus war ein einziges Waffenlager, aber Barbot war nicht zu finden. Als Duvalier hörte, dass sein Gegner sich in einen schwarzen Hund verwandelt habe, ließ er alle schwarzen Hunde auf Haiti töten. Kurze Zeit später wurde Barbot in Menschengestalt aufgegriffen und erschossen.

In den Sechzigerjahren versuchten kleine Guerillaeinheiten aus Exilhaitianern, das Land einzunehmen. Duvalier ließ einem gefangenen Guerillakämpfer den Kopf abschlagen und ihn auf einem Eisblock in den Präsidentenpalast bringen. Es hieß, er habe dem Kopf mithilfe seiner übernatürlichen Kräfte geheime Umsturzpläne entlockt.

Am 14. Juni 1964 arrangierte der Diktator eine Volksabstimmung, die ihn zum Präsidenten auf Lebenszeit machte, ihm absolute Macht und das Recht zur Ernennung seines Nachfolgers gab. Die Wähler konnten sich zwischen blauen, rosa, gelben und roten Stimmzetteln entscheiden, aber alle trugen dieselbe Aufschrift: »Ja«. Alle, auch Ausländer, wurden zur Stimmabgabe aufgefordert.

Schon am Wahltag um 11.15 Uhr proklamierte Duvalier: »Heute hat das Volk seinen Willen ausgedrückt. In diesem Moment, in dem er zu euch spricht, ist er Präsident der Republik Haiti auf Lebenszeit.« Dass ein Diktator in der dritten Person von sich selbst redet, ist nichts Ungewöhnliches. Duvalier sprach ganz offen: »Er ist ein misstrauischer Mann. Er wird regieren, wie es einem Herrscher geziemt. Er wird wie ein wahrer Autokrat herrschen. Ich wiederhole: Er akzeptiert niemanden über sich, außer sich selbst.«

Am nächsten Morgen waren die Stimmen ausgezählt: 2,8 Millionen stimmten für das neue Grundgesetz, 3234 dagegen – obwohl nie geklärt wurde, wie diese überhaupt mit »Nein« stimmen konnten.

Im Jahr 1966 überredete Duvalier den Vatikan, ihm das Recht zur Ernennung katholischer Priester zu übertragen. Damit hatte er die Kontrolle über die beiden großen Religionen der Insel, Voodoo und Katholizismus. Ein Propagandaplakat zeigt Jesus, der hinter dem sitzenden Diktator steht und sagt: »Ich habe ihn erwählt.«

Das Vaterunser wurde wie folgt umgeschrieben: »Unser Doc, der du dein Leben lang im Nationalpalast bist, geheiligt werde dein Name von der gegenwärtigen und künftigen Generation, dein Wille geschehe in Port-au-Prince und auch in der Provinz. Unser neues Haiti gib uns heute, vergib nie die Schuld den Heimatlosen, die jeden Tag unser Vaterland begeifern. Erlöse sie von keinem Übel. Amen.«

In einem Pamphlet, das nach der Wahl zum Präsidenten auf Lebenszeit ausgeteilt wurde, war Folgendes zu lesen:

Frage: Wer sind Dessalines, Toussaint, Christophe, Petion und Estimé?

Antwort: Es sind fünf verschiedene Führer, die alle in der Person des Präsidenten François Duvalier wiederauferstanden sind.

Die vier Erstgenannten sind Helden der haitianischen Revolution des 18. Jahrhunderts – Dessalines war sogar zwei Jahre lang haitianischer Kaiser –, und Dumarsais Estimé war Präsident, als Duvalier der Regierung beitrat.

Der neue Katechismus gehörte selbstverständlich zum Lehrstoff aller haitianischen Schulen.

Papa Doc änderte die Farben der Landesflagge von Rot-Blau zu Rot-Schwarz, den Farben des Voodoo. Als der Anthropologe Wade Davis den geheimen Bizango-Bund (Haitis wichtigste Voodoo-Organisation) für Studienzwecke unterwanderte, fand er heraus, dass dessen wichtigste Gottheit Duvalier selbst war. Auf den Altären der Voodoo-Tempel prangte das Bild des Diktators neben Stoffpuppen, durchbohrten Herzen und anderen Voodoo-Utensilien.

Papa Doc starb 1971, aber vorher hatte er seinen 19-jährigen Sohn Jean-Claude zum Nachfolger bestimmt. Der Jungdiktator erhielt sogleich den Beinamen »Baby Doc«. Nach seiner Machtübernahme ließ er in ganz Haiti Plakate mit seinem Bild aufhängen, unter dem stand: »Vor dem Gericht der Geschichte will ich als die Person dastehen, die unbestreitbar die Demokratie in Haiti begründete.« Die Plakate waren signiert mit »Jean-Claude Duvalier, Präsident auf Lebenszeit«.

Da irrte sich der junge Erbe, denn im Gegensatz zu seinem Vater blieb er nicht auf Lebenszeit im Amt. 1986 sah er sich nach Volksaufständen gezwungen, ins Exil nach Frankreich zu gehen.

Papa Doc war nicht der einzige Diktator mit übernatürlichen Kräften. Präsident Teodoro Obiang Nguema Mbasogo, der seit 1979 Äquatorialguinea regiert, gilt als »ein Gott im Himmel«, der »alle Macht über Menschen und Dinge« innehat. »Er kann töten, ohne dass ihn jemand dafür verantwortlich macht und ohne dafür in die Hölle zu kommen, denn er pflegt persönlichen Kontakt zu Gott, der ihm Kraft verleiht«, ließ der staatliche Radiosender 2003 verlauten.

Gambias Präsident Yahya Jammeh behauptet, er könne Aids heilen. Die Gabe habe er von seinen Eltern in einem Traum erhalten. Während der Behandlung müssen die Patienten die Abstinenz von Alkohol, Tabak, Tee, Kaffee, Sex und Diebstahl geloben. Keiner weiß, warum der Diebstahl speziell genannt wird, aber man könnte folgern, dass andere Verbrechen die Heilung nicht verhindern. Die Patienten bekommen traditionelle pflanzliche Medizin und den Rat, westliche Medikamente wie antiretrovirale Präparate abzusetzen.

Jammeh will weder das Rezept seiner Medizin verraten noch unabhängige Tests an den Patienten zulassen. »Ich brauche niemanden zu überzeugen. Ich kann Aids kurieren und weigere mich, es denjenigen zu erklären, die nicht verstehen wollen«, sagte er in einem Interview mit dem Fernsehsender Sky News.

Das Staatsoberhaupt (seit 1994) kann auch unfruchtbare Frauen kurieren und Asthma heilen. Doch damit nicht genug der übernatürlichen Kräfte. Jammeh besitzt darüber hinaus Amulette, die ihn unverwundbar machen: »Kein Messer und keine Kugel können mich töten, wenn es nicht Gottes Wille ist«, sagte er zu Journalisten.

Die Dynastie

Die gegenwärtig wohl umfangreichste Staatsmythologie über Volk, Nation und deren Führer wurde in Nordkorea ersponnen. Auch dort gehört der Personenkult zur Propaganda wie das Ei zum Huhn. Wie bereits erwähnt sind die Koreaner die reinste, tugendhafteste und moralischste Menschenrasse. Aber sie sind weder die Stärksten noch die Klügsten (Propaganda legt selten Wert auf Intelligenz). Deshalb sind sie immer wieder von niederen Rassen ausgenutzt und erobert worden. Um zu überleben und ihre Einzigartigkeit zu erhalten, brauchen sie einen starken Führer und Beschützer.

Am Anfang war der Landesgründer Kim Il-sung. Kim war der naivste, liebste, spontanste und reinste Koreaner, kurz gesagt der koreanischste Koreaner, der je geboren wurde.

Zunächst hatte der Propagandaapparat ein Problem, nämlich den Guerillahelden und die starke Führergestalt Kim Il-sung mit den angeborenen koreanischen Tugenden zu vereinen. Heldenmut und Kriegertum gehören nämlich nicht in dieses Bild. Der Widerspruch wurde gelöst, indem man die brutale Seite entsprechend abmilderte. Zwar stellte man Kim als militärisches Genie dar, doch anstelle von Schlachten kehrte die Propaganda Kims fürsorgliche Seite hervor. Die meisten Bilder zeigten ihn und seine Truppen beim Essen oder bei der Ruhe, nur selten wurde er im Kampf dargestellt.

Diktatoren anderer Länder bezeichnen sich gern als Landesväter, zum Beispiel der bereits erwähnte Turkmenbaschi oder Papa Doc Duvalier. Auch Josef Stalin ließ sich als »Vater der Nation« anreden. In Nordkorea hingegen wird die mütterliche Seite der Herrscher betont. Die meist gezeichneten Propagandabilder stellen Kim Il-sung als mollig und kindlich dar, umgeben von fröhlichen Kindern, die ihn an der Hand halten.

Er wirkt androgyn und wird mit dem geschlechtsneutralen Wort für »Elternteil« bezeichnet.

Nach dem Koreakrieg wurde der Mythos um Kim durch seine unermüdlichen Reisen im eigenen Land verstärkt. Überall trat er als »Ratgeber an Ort und Stelle« auf. Das lief meist so ab: Kim kommt in eine Fabrik oder Genossenschaft, das Volk erzählt ihm von seinen Sorgen, er gibt einfache, teils banale Ratschläge oder Kommentare, zum Beispiel: »Die Regenbogenforelle ist ein guter Fisch. Geschmackvoll und reich an Nährstoffen.«

Insgeheim schielte Kim über die Grenze zu seinem Vorbild Mao Zedong. Wenn der seine Truppen im Langen Marsch durchs ganze Land geführt hatte, konnte er das auch! Das koreanische Gegenstück wurde der »Harte Marsch« getauft und soll im Winter 1938/39 stattgefunden haben. Als Mao auch noch als Dichter und Schriftsteller bekannt wurde, standen in Nordkorea plötzlich Opern auf dem Spielplan, die Kim angeblich in seiner Jugend geschrieben hatte.

Kim Il-sung starb 1994, doch er amtiert wie gesagt weiter als »Ewiger Präsident«. Wie um zu unterstreichen, dass Koreas Wohlergehen von Kims Person abhing, machte das Land nach seinem Tod ein paar »Harte Jahre« durch.

Die Führung ging an den ältesten Sohn Kim Jong-il, dessen Personenkult schon vorbereitet war. Bereits in den Achtzigerjahren trug er den Titel »Geliebter Herrscher« (der »Führer« war Kim Il-sung vorbehalten). Er wurde auf dem heiligen Berg Paektusan geboren (in Wirklichkeit war es in der Sowjetunion) und war ein selbstloser, geduldiger kleiner Junge, der trotz seiner Herkunft keine Privilegien genoss. Im Gegenteil, er musste viel leiden, hatte zwei Kriege erlebt und in zartem Alter seine Mutter verloren.

Diesmal wurde die militärische Begabung des Machthabers stärker betont. Seit 1991 war er Oberbefehlshaber der Streitkräfte, und 1995 gab er die Parole »Das Militär zuerst« aus, was auf Kosten der wirtschaftlichen Entwicklung des Landes ging.

Selbst die beste Propaganda konnte die »Harten Jahre« nicht leugnen, aber die Hungersnot der Neunzigerjahre war natürlich nicht Kim Jong-ils Schuld. Ihre offizielle Ursache lag darin, dass die Sowjetunion sich auf feigste Weise dem Kapitalismus ergeben hatte. Außerdem war es ein Jahrzehnt der Naturkatastrophen, und nicht zuletzt hatten die Amerikaner nach Kim Il-sungs Tod ihre Aggressionen verschärft. Flugs wurde das gesamte Jahrzehnt zum »Neuen Harten Marsch« umgemünzt. Kim Jong-il reiste von Kaserne zu Kaserne, und aus Solidarität mit seinen Soldaten teilte er ihre spärlichen Mahlzeiten. Im Gegensatz zu seinem Vater trat er nie im Anzug auf, sondern trug stets eine einfache Uniform. Nichtsdestoweniger behielt er auch die mütterliche Rolle, was folgende Meldung der staatlichen Nachrichtenagentur verdeutlichen soll:

Zusammengehalten nicht nur vom Band zwischen einem Führer und seinen Soldaten, sondern von der Familienbande zwischen einer Mutter und ihren Kindern, in deren Adern ein und dasselbe Blut fließt, wird Korea auf ewig blühen. Lasst die imperialistischen Feinde mit ihren Atomwaffen kommen, keine Macht auf Erden kann unsere Kraft, unsere Liebe und unseren Glauben besiegen, denn sie bilden dank der Blutsbande zwischen Mutter und Kind eine einheitliche Burg.

Unter Kim Jong-un nahm die Propaganda erneut eine Wendung. Kim Jong-ils zweiter Sohn aus dessen dritter Ehe kam nach dem Tod seines Vaters im Dezember 2011 an die Macht. Sein Image war schon vorher systematisch aufgebaut worden. Zum 65. Jahrestag der Partei der Arbeit Koreas sendete das staatliche Fernsehen ein Porträt, in dem behauptet wurde, Jong-un habe tiefste Kenntnis in Politik, Wirtschaft, Kultur, Geschichte und Militärwesen. Zudem spreche er fließend Englisch, Deutsch, Französisch und Italienisch, und nun lerne er auch noch Chinesisch, Japanisch und Russisch hinzu.

In der landwirtschaftlich geprägten Provinz Hamgyong wurde eine Broschüre ausgeteilt, die ihn als Erfinder eines neuen Düngers pries. Er habe ihn erfunden, als er 2008 mit seinem Vater eine Genossenschaft besuchte. Gerüchten zufolge sei er gelegentlich inkognito durchs Land gereist und habe dabei Verbrechen aufgedeckt. (Hier ist der Propaganda ein kleiner Fauxpas unterlaufen, denn in Nordkorea gibt es ja keine Verbrechen.) Außerdem genoss er einen Ruf als hervorragender Schütze, der sein Ziel nie verfehle.

Vor jedem öffentlichen Auftritt wird Kim Jong-un geschminkt und frisiert, damit er seinem Großvater Kim Il-sung noch ähnlicher sieht. Er hat die gleiche Figur, trägt den gleichen Haarschnitt, und böse Zungen behaupten, plastische Chirurgen hätten ebenfalls nachgeholfen. Die gewollte Ähnlichkeit ist verständlich, denn unter der »Landesmutter« Kim Il-sung hatten die Nordkoreaner einen höheren Lebensstandard als unter Kim Jong-il. Auf jeden Fall setzt der junge Diktator die Tradition des schillernden Personenkults fort. Nehmen Sie sich ein Beispiel!

4. Wie man reich wird

Eines der wichtigsten Motive, Diktator zu werden, ist natürlich der Wohlstand, der mit dem Beruf verbunden ist. Es gibt viele Methoden, um systematisch Korruption aufzubauen und Ihre Kasse mit Staatsgeldern zu füllen, doch sollte jeder Despot ein paar Grundregeln beachten, um sein Vermögen zu sichern.
Die natürlichen Ressourcen eines Landes gelten in westlichen Demokratien als »Gemeingut«, aber was heißt das schon? Wer hat das Recht, der Allgemeinheit den Reichtum zuzuteilen, der zufällig unter ihrem Boden liegt? Für einen Diktator sind die Bodenschätze seines Landes Privateigentum. Unter Umständen wird er einen gewissen Anteil davon großzügig mit seinem Volk teilen, aber das ist seine Entscheidung.
Es gibt kaum Diktaturen, in denen keine Korruption herrscht. Die Organisation Transparency International, die sich weltweit gegen Korruption einsetzt, veröffentlichte 2004 einen Index der korruptesten Staatschefs der vorhergehenden zehn Jahre. Auf Platz 1 stand Mohamed Suharto, der von 1967 bis 1998 Indonesien regierte. Er soll zwischen 15 und 35 Milliarden Dollar eingesäckelt haben. Auf Platz 2 folgte Ferdinand Marcos, Präsident der Philippinen von 1965 bis 1986, mit 5 bis 10 Milliarden, gefolgt von Mobutu Sese Seko (Kongo, 5 Milliarden), Sani Abacha (Nigeria, 2 bis 5 Milliarden), Slobodan Milošević (Serbien, 1 Mil-

liarde) und Jean-Claude Duvalier (Haiti, 300 bis 800 Millionen). Erst auf Platz 7 stand mit Perus Expräsident Alberto Fujimori der erste Nichtdiktator, doch kaum ein ausgeprägter Demokrat.

Korruption verbreitet sich in der Regel von oben. Um als korrupter Diktator zu bestehen, brauchen Sie ein korruptes System unter sich. Je besser Sie die Gier Ihres Hofes und Ihrer Beamten auszunutzen wissen, desto fester sitzen Sie im Sattel und desto besser verdienen Sie selbst. Wenn jeder ein kleines Stück des Korruptionskuchens abbekommt, erschaffen Sie sowohl Loyalität als auch Mitschuldige, wodurch sich das System selbst trägt.

Um den Löwenanteil brauchen Sie sich nicht zu sorgen, denn in einem korrupten System fließt das Geld stets nach oben. Es wäre viel zu auffällig, wenn Sie selbst für jede Kleinigkeit Schmiergeld forderten. Beginnen Sie stattdessen bei den niedrigsten Beamten, und früher oder später kommt das Geld vielfach verzinst bei Ihnen an.

Die wichtigste Zutat für ein solches System heißt Nepotismus. Jeder anständige Diktator versorgt Verwandte und Freunde mit wichtigen Positionen. Zudem sollten Sie alle bedeutenden Ämter mit Angehörigen Ihrer Ethnie oder Religion besetzen.

Ein gutes Beispiel ist Ägyptens Expräsident Husni Mubarak. Er hatte seinen Söhnen Alaa und Gamal die besten Möglichkeiten in Wirtschaft und Politik verschafft. Gamal war Vizegeneralsekretär und Vorsitzender im politischen Komitee der damaligen Regierungspartei NDP. Er galt bereits als Kronprinz, als der arabische Frühling einzog.

Mubaraks Söhne dienten dem Diktator als Kontakte zur Geschäftswelt. Gemeinsam mit ihrem Vater häuften sie ein beträchtliches Vermögen an. Überhaupt hatte Mubarak einen Großteil des Parlaments mit Geschäftsleuten besetzt, ein Geniestreich, der die reibungslose Verschmelzung von Politik und Wirtschaft garantierte. Außerdem wendete er einen weiteren unter Diktatoren beliebten Trick an: Ausländische Investoren mussten mit lokalen Partnern zusammenarbeiten, die mindestens einen Teil der betreffenden Firmen besaßen. Überflüssig zu sagen, dass viele dieser Partner Angehörige Mubaraks waren.

Sie haben alle wichtigen Posten mit Ihren Leuten besetzt? Dann können Sie anfangen, systematisch in Ihre Tasche zu wirtschaften. Regulieren und bürokratisieren Sie die Wirtschaft bis ins Kleinste. Bei der Frage, in welchen Ländern man am leichtesten Geschäfte tätigt, schneiden Diktaturen meist schlecht ab. Nicht ohne Grund, denn je mehr Instanzen ein Handel durchlaufen muss, desto mehr Korruption ist möglich. Verlangen Sie Lizenzen für alles Denkbare. Der bürokratische Prozess muss so zermürbend sein, dass keiner sich die Mühe macht, sondern lieber gleich den zuständigen Beamten schmiert.

Das Gleiche gilt für den Import wichtiger Rohwaren. Wenn jemand eine Bäckerei eröffnen will, muss er zuerst die Konzession für das Geschäft besorgen und dann die Importlizenz für Weizen.

Budgets und Abrechnungen sind selbstverständlich Staatsgeheimnisse. Die Medien dürfen nie Einblick in den Haushalt bekommen – und weil Sie auch die Medien kontrollieren, dürfen sie gar nicht erst danach fragen. Insbesondere Abkommen zur Nutzung von Bodenschätzen müssen unter Verschluss bleiben.

Hier können Sie sich ein Beispiel an Äquatorialguinea nehmen, das seine Ölabkommen streng geheim hält. Ausländische Firmen fördern das Öl, aber niemand weiß, welchen Anteil das Land aus der Produktion bekommt. In der Praxis bedeutet dies, dass keiner dem Diktator Teodoro Nguema

Mbasogo nachweisen kann, wie viele Petrodollars er ab-
schöpft.

Auch die Ölgesellschaft profitiert von solchen Abkommen.
Wahrscheinlich bekommt sie die Konzessionen billiger, wenn
sie den Preis geheim hält. Zwar kann es lästig sein, sich idea-
listische Organisationen wie Transparency International vom
Leib zu halten, aber solange ausländische Großkonzerne die
Hand im Spiel haben, werden deren Heimatländer kaum auf
mehr Offenheit drängen.

Aus diesem Grund muss Äquatorialguineas Diktator kaum
die Einmischung seiner eher demokratischen Partnerländer
befürchten. 2009 gelangte durch WikiLeaks ein Brief an die Öffentlichkeit, in dem US-Präsident Obama empfiehlt, das Regime in Malabo stabil zu halten. Sonst könnten amerikanische
Arbeitsplätze verloren gehen, hieß es darin. Die US-Konzerne
Marathon Oil und Hess Corp habe enorme Summen in dem
Land investiert, und 20 Prozent des amerikanischen Ölimports
kommen aus Äquatorialguinea. »Im Land, in dem die meisten
Obamas der Welt leben, wird der amerikanische Regierungs-
wechsel als Signal für ein wärmeres Verhältnis gedeutet«, hieß
es in dem WikiLeaks-Dokument.

Nicht alle Diktatoren baden im Luxus. Simbabwes Präsident
Robert Mugabe zum Beispiel lebt ein genügsames Leben. Auch
Ajatollah Ruhollah Khomeini pflegte einen nüchternen Lebensstil. Der geistige Führer des Iran wohnte in einer kleinen
Wohnung in der Sahid-Hassan-Straße am Stadtrand von Teheran. Als er 1989 starb, hinterließ er nur einen Gebetsteppich,
eine kleine Bibliothek, ein paar einfache Möbel und ein Radio.
Für Khomeini war die Wirtschaft der Religion und Moral unter-
geordnet, sowohl im Privatleben als auch in der Politik. »Wirtschaft ist etwas für Esel«, soll er einmal gesagt haben.

Die Nachfolger des Ajatollah hingegen waren weniger bescheiden, auch nicht in seinem Namen, denn sie planten ein riesiges Mausoleum für ihn. Der Komplex, an dem immer noch gebaut wird, bedeckt über 20 Quadratkilometer und soll unter anderem ein Touristenzentrum, eine theologische Universität, ein Einkaufszentrum und 20 000 Parkplätze enthalten. Khomeini würde sich in dem Sarkophag herumdrehen, der unter einer von Marmorsäulen getragenen goldenen Kuppel steht.

Diktatoren, die aus ideologischen Motiven an die Macht streben, sind offenbar weniger geneigt, sich selbst zu bereichern. Khomeini führte die Revolution gegen das brutale Regime von Schah Mohammad Reza Pahlavi an, Mugabe war Guerillaführer im Kampf gegen das Apartheidsregime Rhodesiens. Aber die beiden sind Ausnahmen, denn die meisten ihrer Kollegen erliegen der Versuchung, in die eigene Tasche zu wirtschaften, egal wie edel die Motive ihrer Machtergreifung waren.

Und selbst wenn der Diktator eines Landes genügsam lebt, heißt dies noch lange nicht, dass die Elite seinem Beispiel folgt. Es gibt immer Verwandte, Stammesbrüder, Clanmitglieder und andere, die ihr Stück vom Kuchen abhaben wollen. Für ein Staatsoberhaupt ist es kostspielig, sich mit loyalen Mitarbeitern und Verbündeten zu umgeben. Ein einfacher Lebensstil ist deshalb nicht unbedingt gleichbedeutend mit einem sparsamen Budget, wie ein Blick nach Simbabwe bestätigt.

Mugabes Frau Grace nimmt sich offenbar kein Beispiel an ihrem Gatten. Ihr Lebenswandel hat ihr Spitznamen wie »Dis-Grace«, »Gucci Grace« oder »First Shopper« (anstatt »First Lady«) eingebracht. Auch viele weitere Personen aus Mugabes engstem Kreis sahnen kraft ihrer Positionen kräftig ab. Leo Mugabe, der Neffe des Despoten, gehört zu den reichsten Geschäftsleuten des Landes. Seine Firma Integrated Engineering Group hat etliche Zuschläge für öffentliche Gebäude eingestrichen. Während wesentlich erfahrenere Konkurrenten in die Röhre schauen, verdient er Milliarden.

Im Jahr 1997 konkurrierten die Firmen Telecel und Econet um die Lizenz für den Mobilfunk in Simbabwe. Post- und Telekommunikationsministerin war damals Joice Mujuru, eine Heldin des Befreiungskrieges – nach dem Abschuss eines Helikopters bekam sie den Beinamen »Teurai Ropa«, was so viel wie »Blutvergießen« heißt – und seit 2004 Vizepräsidentin des Landes. Sowohl ihr Mann als auch Leo Mugabe besaßen große Anteile an Telecel, während der Gründer von Econet keine Beziehungen zur Regierung hatte. Er hatte schon seit Jahren versucht, ein Mobilfunknetz in Simbabwe aufzubauen, wurde aber durch ein Dekret Mugabes gestoppt, das private Telefongesellschaften verbot. Doch selbst in einer Diktatur kommt es vor, dass man dem Präsidenten Steine in den Weg legt, denn das Gesetz wurde später vom Obersten Gericht gekippt.

Selbstverständlich bekam Telecel die Mobilfunklizenz, obwohl die Bewerbung nicht alle Bedingungen erfüllte. Leider war auch das Netz wenig effektiv, und die Arbeit wurde durch einen Streit der Gesellschafter gehemmt. Keiner wusste genau, wer die Firma eigentlich besaß. Wie sich herausstellte, hatte Leo Mugabe für seine Aktienposten nichts bezahlt. Dies sei »nicht notwendig gewesen«, räumte er offenherzig ein. Es ist eben von Vorteil, Neffe des Präsidenten zu sein.

Dein Geld ist mein Geld

Um im Lauf Ihrer Regierungszeit ein Vermögen anzuhäufen, müssen Sie nicht unbedingt ein reiches Land regieren. Ein guter Diktator saugt selbst in den ärmsten Ländern die Bevölkerung dermaßen aus, dass er seine Tage im Luxus verbringen kann. 1986, als Jean-Claude Duvalier Haiti verließ, war der Inselstaat eines der ärmsten Länder der Welt. Das Bruttosozialprodukt lag bei spärlichen 342 Dollar. Trotzdem hatte Duvalier seit seinem Amtsantritt ein Vermögen von 500 Millionen Dollar zusammengerafft, das zum großen Teil aus der Monopolisierung des Tabakexports und aller anderen gewinnbringenden Wirtschaftszweige stammte.

Unter den Reichsten der Welt sind viele Diktatoren, aber ihr Vermögen ist meist schwierig zu berechnen. Zum einen sind in einer Diktatur die Grenzen zwischen staatlichen und privaten Mitteln fließend, zum andern sind die wenigsten Diktatoren gewillt, ihr Vermögen offenzulegen. Strohmänner, Scheinfirmen, Geldanlagen in Steuerparadiesen und Schweizer Nummernkonten sind nur einige der Verschleierungstaktiken.

Die einfachste, aber auch offensichtlichste Methode ist, die Staatskasse als Ihr persönliches Portemonnaie zu betrachten. Sie funktioniert nicht immer, denn sogar Diktaturen haben ab und an eine Art Gewaltenteilung oder unterscheiden zumindest zwischen verschiedenen staatlichen Institutionen, wie das oben erwähnte Beispiel des Obersten Gerichts in Simbabwe zeigt. Verlieren Sie deshalb nicht gleich den Mut, sondern greifen Sie zu subtileren Methoden der Bereicherung.

Oder werden Sie Monarch, dann haben Sie dieses Problem nicht. Unter den reichsten Menschen der Welt sind viele Monarchen, unter anderen Königin Elisabeth II. oder König Bhumibol Adulyadej der Große von Thailand, der als reichster Monarch der Welt gilt. Die meisten der heutigen Regenten haben nur symbolische Macht, doch ihr Familienvermögen stammt in der Regel aus einer Zeit, als sie de facto Diktatoren waren. Die allerreichsten unter ihnen besitzen noch heute ihre alten Privilegien. Mit Ausnahme des konstitutionellen Monarchen Bhumibol belegen absolutistische Herrscher die ersten fünf Plätze der Hitparade. Unter den zwanzig reichsten Monarchen der Welt befinden sich acht Diktatoren: die Emire von Abu Dhabi und Katar, die Sultane von Brunei und Oman sowie die Könige von Saudi-Arabien, Bahrein, Jordanien und Swasiland.

Dem Wirtschaftsmagazin *Forbes* zufolge ist Sultan Hassanal Bolkiah von Brunei der zweitreichste Monarch der Welt und somit der reichste absolute Monarch. Sein Vermögen wird auf 20 Milliarden Dollar geschätzt (Stand: 2011). Dicht hinter ihm folgt der saudische König Abdullah ibn Abd al-Aziz Al Sa'id, mit 18 Milliarden Dollar ebenfalls kein armer Schlucker. In Saudi-Arabien kontrolliert die Königsfamilie mehr oder weniger alles, was von Wert ist, natürlich auch das zweitgrößte Ölvorkommen der Welt. Platz 4 belegt mit 15 Milliarden Dollar der Emir von Abu Dhabi, Scheich Chalifa bin Zayid bin Sultan Al Nahyan. Er ist nicht nur absolutistischer Herrscher, sondern auch Präsident der Vereinigten Arabischen Emirate, einer Föderation sieben selbständiger Monarchien.

Schauen wir uns den Sultan von Brunei etwas näher an, denn er ist das vielleicht beste Beispiel eines steinreichen absolutistischen Herrschers, der keinen Unterschied zwischen privatem und öffentlichem Vermögen macht. Der Monarch betrachtet das gesamte staatliche Einkommen als sein eigenes und bestimmt selbst, wie viel davon der Allgemeinheit zugutekommt. Das Praktische an diesem System ist, dass man kaum von »Privatverbrauch« reden kann, wenn Staat und Monarch eine Einheit bilden. Man kann höchstens versuchen zu unterscheiden, welcher Anteil der staatlichen Mittel für den Monarchen und welcher für seine Untertanen ausgegeben wird. Zum Glück liegen die Territorien der meisten noch existenten absolutistischen Monarchien über den größten Ölfeldern der Erde, was den Beruf des Monarchen äußerst lukrativ macht.

Brunei ist nicht einmal 5800 Quadratkilometer groß und hat rund 400 000 Einwohner. Es liegt im Norden der Insel Borneo und ist mit Ausnahme der Küstenlinie am Südchinesischen Meer vom großen Nachbarland Malaysia umschlossen. Der amtliche Name des Landes ist »Brunei Darussalam«, was »Brunei, Ort des Friedens« bedeutet – ein schöner Name für eine schöne Nation. 80 Prozent der Landesfläche ist mit Wald bedeckt. Die Wurzeln des Kleinstaates reichen bis ins 8. Jahrhundert zurück, das Sultanat besteht seit dem 14. Jahrhundert.

Der Sultan ist »Yang di-Pertuan«, was »Höchster Führer« bedeutet. Damit niemand daran zweifelt, hat Bolkiah sich zum Präsidenten und Ministerpräsidenten in einer Person ernannt. Außerdem bekleidet er die Ämter des Finanz- und Verteidigungsministers, wodurch er oberster Befehlshaber der nationalen Streitkräfte ist. Auch zum Landespolizeichef hat er sich ernannt. Damit sei seine Macht ausreichend zementiert, sollte man meinen; doch offenbar befürchtete der Sultan weiterhin, jemand könne sie herausfordern. 2006 änderte er das Grundgesetz, das seitdem seine Unfehlbarkeit konstatiert.

Wie die Golfstaaten ist Brunei ein Ölland, was Bolkiah zu einem der reichsten Männer der Welt gemacht hat. Zeitweilig galt er sogar als reichster Mann der Welt. Es heißt, sein Vermögen steige um 90 Euro pro Sekunde.

Ein weiterer Vorteil: Ist die Staatskasse Ihr Eigentum, gehen sämtliche Sozialausgaben auf Ihr Ehrenkonto. Brunei ist ein Wohlfahrtsstaat, Bildung und Gesundheitswesen sind gratis.

Zudem werden keinerlei Steuern auf persönliche Einkünfte erhoben. Auf diese Weise hält der Sultan das Volk bei Laune, während sein Bankkonto in Ruhe wächst.

Rosé-Champagner und eine Concorde

Die komplette Verschmelzung privater und staatlicher Mittel ist nur den glücklichsten Diktatoren vergönnt. Doch auch wenn die Staatskasse aufgrund von Gesetzen oder anderen lästigen Hindernissen nicht Ihre persönliche Geldbörse ist, brauchen Sie nicht zu verzweifeln. Es gibt noch mehr Methoden, sie zu plündern.

Sehr beliebt ist die sogenannte Kleptokratie. Sie funktioniert besonders gut in Ländern, deren Wirtschaft in hohem Grad auf der Produktion von Rohwaren beruht. Ein ausgesprochener Experte dieser Regierungsform war Mobutu Sese Seko, Präsident der sogenannten Demokratischen Republik Kongo (ehemals Zaire). Transparency International schätzt, dass er in den dreißig Jahren seiner Regierungszeit ein Vermögen zwischen 1 und 5 Milliarden Dollar angehäuft hatte. Auch *Forbes* schätzte ihn 1985 auf 5 Milliarden Dollar, was ziemlich genau Zaires damaligen Auslandsschulden entsprach.

Mobutu wurde 1997 gestürzt und starb im selben Jahr. In dem Buch *In the footsteps of Mr. Kurtz. Living on the Brink of Desaster in Mobutus Congo* schreibt die britische Journalistin Michaela Wrong, Mobutus Lebensstil sei so teuer gewesen, dass er nur wenig Geld habe sparen können. Ob sein Vermögen verbraucht wurde oder ob es sich auf anonymen Bankkonten in aller Welt befindet, bleibt bis heute ungeklärt. Sicher ist jedoch, dass Mobutu und die kongolesische Elite einen enormen Verbrauch hatten.

Solange sein privater Bedarf gedeckt war, zeigte Mobutu kein sonderliches Interesse an Wirtschaft und Finanzen des Landes. Er war zweifelsohne intelligent, hatte aber weder die Geduld noch die Disziplin für langsichtige politische und ökonomische Pläne. Wenn Wirtschaftsfragen diskutiert wurden, starrte er ins Leere, und seine Gedanken schweiften ab, berichtet Wrong. Des Öfteren ließ er sich auf wirtschaftliche »Wunderkuren« fragwürdiger Ratgeber ein.

Doch obwohl Mobutu keine Ahnung von Wirtschaft hatte, sicherte er sich einen großen Teil der Einkünfte aus den Reichtümern des Kongo. 1973 begann er mit der effektiven Nationalisierung (»Zairisierung«) der Wirtschaft. Alle Betriebe, die sich im Besitz von Ausländern befanden, sollten an die »Söhne des Landes« übergeben werden. Das Ergebnis war ein Wettstreit der Elite um die reichsten Produktionsstätten. Mobutu selbst enteignete vierzehn Plantagen und vereinte sie unter seiner Führung. Mit 25 000 Angestellten wurde er zum drittgrößten Arbeitgeber und viertgrößten Produzenten von Kakao und Kautschuk im ganzen Land.

Auch einen Großteil der reichen Mineralienvorkommen des Landes riss sich Mobutu selbst unter den Nagel. Seine Methode war einfach. Über die staatliche Gesellschaft, die für den Export von Mineralien zuständig war, floss ein Teil der Einnahmen auf Mobutus ausländische Konten. Einige Produzenten bezahlten ihn direkt. 1978 deckte ein Angestellter des Internationalen Währungsfonds (IWF) auf, dass der Chef der zairischen Zentralbank die Grubengesellschaft Gécamines veranlasst hatte, alle Exporteinnahmen direkt auf das Konto des Präsidenten zu überweisen. Noch einfacher war es, aus den Diamantminen des Landes Profit zu schlagen. Diamanten braucht man nicht zu veredeln, sie sind leicht aus dem Land zu schmuggeln. Mobutu musste nur die offizielle Förderungsstatistik nach unten manipulieren und die nicht erfassten Erträge auf der Diamantenbörse in Antwerpen verkaufen.

Nach dem Ende des Kalten Krieges verlor Mobutu die Unterstützung des Westens, aber er brauchte dringend Geld, um das Land vor dem Bankrott zu bewahren. Als er in Washington um ein Darlehen bat, schlug die Bank vor, er könne ja seine Auslandskonten benutzen, um die Not der Bevölkerung zu lindern. Mobutu soll geantwortet haben: »Das würde ich gerne tun, aber mein Volk würde es mir nie zurückzahlen können.«

Mobutu verbrauchte das Geld ebenso rasch, wie er es verdient hatte. Er ließ Rosé-Champagner und Torten aus Paris einfliegen. In jeder wichtigen Stadt Zaires ließ er sich Villen errichten. Einer seiner liebsten Aufenthaltsorte war eine Pagode in einem chinesischen Dorf, das er in Nsele bauen ließ. Mit seiner Luxusjacht »Kamanyola« kreuzte er den Kongo auf und ab. Henry Kissinger und François Mitterrand waren nur zwei der internationalen Politiker, die er dort empfing.

In seiner Heimatstadt Gbadolite baute er ein Schloss aus weißem Marmor, das »Versailles des Dschungels« (obwohl es eigentlich ein Nachbau des belgischen Königspalastes ist). Der Flugplatz der Stadt bekam eine extra lange Rollbahn, denn der Diktator pflegte eine Concorde zu chartern, wenn er sich auf Europareise begab.

Wen kümmerte da schon die Infrastruktur für die Bevölkerung? Einmal verriet Mobutu seinem ruandischen Kollegen Juvénal Habyarimana: »Ich bin seit dreißig Jahren an der Macht und habe keine einzige Straße gebaut. Und wissen Sie, warum? Sie kommen auf der Straße, um Sie zu stürzen!«

Mobutu begnügte sich nicht mit Besitztümern im eigenen Land. Unter anderem kaufte er die Villa del Mar in Roquebrune-Cap-Martin an der Côte d'Azur (die ironischerweise ganz in der Nähe der Villa des früheren Kolonialherren König Leopold von Belgien lag). Gerüchten zufolge fragte Mobutu, nachdem der Preis von 5,2 Millionen abgesprochen war, ob es sich dabei um Dollar oder belgische Franc handle. Ersteres war fast vierzigmal so viel, doch das machte offenbar keinen Unterschied für ihn.

Außerdem kaufte er ein Landgut im schweizerischen Savigny, eine riesige Wohnung in Paris und die Casa Agricola Solear an der Algarve, eine 2,3 Millionen Dollar schwere Immobilie mit 8000 Hektar Land, zwölf Schlafzimmern und einem Weinkeller mit 12 000 Flaschen. In Brüssel, der Hauptstadt der früheren Kolonialmacht, besaß er mindestens neun Häuser in den noblen Stadtteilen Uccle und Rhode-Saint-Genèse.

Die Kleptokratie ist die direkteste und offenbarste Form der Korruption, allerdings müssen einige Voraussetzungen gegeben sein, damit sie funktioniert: Die wichtigste ist eine schwache Zivilgesellschaft. Medien und zivile Organisationen dürfen keinen Einfluss haben, sie müssen so unterdrückt sein, dass sie keine Gefahr für die etablierte Ordnung darstellen. Auch öffentliche Institutionen dürfen es nicht wagen, die Diktatur herauszufordern. Schlechte Bildung und Analphabetismus sind wichtige Helfer bei Ihrer Sache. Nicht jeder Kleptokrat findet so gute Bedingungen vor wie Mobutu in Zaire, doch sind die oben genannten Faktoren gegeben, können Sie ruhig lange Finger machen.

Schwindler mit Stil

Verdienen Sie noch immer nicht genug, können Sie als Diktator zu einem weiteren Hilfsmittel greifen: dem blanken Schwindel. Macht nichts, falls dies gegen das Gesetz verstößt, denn als Diktator stehen Sie in der Regel über demselben. Natürlich ist es besser, wenn der Schwindel erst gar nicht auffliegt. Wer die Frechheit besitzt, die Nase in Ihre Angelegenheiten zu stecken, sollte wissen, was ihn erwartet. Für solche Aufrührer gibt es Gefängnisse, oder sie verschwinden schlicht und einfach von der Erdoberfläche. Wie bereits gesagt sollten Sie auch die Medien im Griff haben, und schon wird das Schwindeln leichter.

Ein gutes Beispiel ist der Goldenberg-Skandal in Kenia. Er geschah in den Neunzigerjahren unter Präsident Daniel Arap Moi, dessen gesamte Regierung offenbar involviert war. Er basierte auf der Ausnutzung einer »wirtschaftsfördernden« Maßnahme: Ausländische Firmen, die den Erlös aus kenianischen Exportgütern in Kenia-Schillingen anlegten, erhielten von der kenianischen Zentralbank eine Subvention von 20 Prozent auf die jeweilige Summe.

In einem durch und durch korrupten Land wie Kenia war dies eine Einladung zum Schwindel. Der Geschäftsmann Kamleh Pattni gründete die Firma Goldenberg International, die Gold aus Kenia exportieren sollte. Ein spezielles Abkommen mit der Regierung garantierte Goldenberg 35 Prozent Subvention auf alle in die Landeswährung eingewechselten Einnahmen. Auf diese Weise wollte man mehr ausländische Devisen ins Land schaffen.

In Kenia wird jedoch nur wenig Gold gefördert, weshalb man es aus dem Nachbarland Kongo einschmuggeln wollte. Pattni und etliche korrupte Regierungsmitglieder strichen die Subventionen ein, exportierten jedoch so gut wie kein Gold.

Mois Nachfolger Mwai Kibaki, der 2002 an die Macht kam, richtete eine Untersuchungskommission ein. Sie fand heraus, dass die Kenianische Zentralbank auf diese Weise allein im Jahr 1991 um 60 Milliarden Schilling (850 Millionen Dollar) erleichtert wurde, was einem Fünftel von Kenias Brutto-Nationalprodukt entsprach.

Denken Sie an die Zukunft

Haben Sie genug Geld zusammengerafft, sollten Sie es gut verstecken. Doch Vorsicht: Jede Investition im Heimatland kann mit einem Schlag zunichtegemacht werden, wenn Sie die Macht verlieren. Bauen Sie für ein mögliches Exil vor, indem Sie Reserven im Ausland anlegen.

Ein abschreckendes Beispiel bietet der tunesische Exdiktator Zine El Abidine Ben Ali. Er musste 2011 das Land verlassen, nachdem das Volk sich gegen ihn gewendet hatte. In einem seiner Paläste wurde hinter einem Bücherregal ein geheimes Gewölbe entdeckt, in dem Ben Ali mehrere Millionen Euro, Dollar und tunesische Dinar sowie Schmuck gebunkert hatte. Trotzdem verließ der Diktator Tunesien nicht mit leeren Händen. Seine Frau Leila erleichterte die Zentralbank um 1,5 Tonnen Gold, bevor das Paar nach Saudi-Arabien floh.

Am praktischsten für den oben genannten Zweck sind natürlich Schweizer Bankkonten oder Anlagen in anderen Ländern, in denen das Bankwesen ausreichend Freiheit genießt. Auch die Investition in Immobilien ist sehr beliebt. Machen Sie alles richtig, können Sie möglicherweise von den Zinsen leben. Ein paar Landsitze oder Stadtvillen in aller Welt können ebenfalls nicht schaden. Besonders beliebt unter Diktatoren sind die Côte d'Azur, Paris und London. Auch Gold ist immer eine Investition wert. Es ist leicht zu transportieren, und man kann es überall umsetzen. Es gibt noch unzählige Möglichkeiten. Der Emir von Katar und seine Familie investieren große Summen in Kunst, ihr Land ist zum größten Aufkäufer moderner Kunst avanciert. Die Tochter des Emirs, Sheikha Al Mayassa Bint Hamad Bin Khalifa Al-Thani, hat dem kleinen Land am Persischen Golf eine umfangreiche Kunstsammlung beschert. Der Handel mit Kunstwerken geschieht meist über Mittelsmänner, sodass die Käufer anonym bleiben. Deshalb lässt sich kaum feststellen, wie viel die Herrscherfamilie für Kunst ausgegeben hat. Sicher ist, dass sie unter anderem Werke von Roy Liechtenstein, Jeff Koons, Andy Warhol und Damien Hirst zu Rekordpreisen gekauft hat. 2007 erzielte Mark Rothkos »White Center« den bis dahin welthöchsten Auktionspreis für ein Nachkriegsgemälde. Der Emir und seine Frau hatten es für 72,84 Millionen Dollar ersteigert.

Wie Sie sehen, ist Ihnen der Reichtum als Diktator sozusagen garantiert. Nur die Fantasie setzt Grenzen, auf welche Weise Sie ihn erlangen können.

5. Wie man Reichtum ausgibt

Ein Vermögen auszugeben ist eine ganz andere Sache, als es zu erlangen. Geld verschleudern mag leicht erscheinen, doch in Wirklichkeit ist es harte Arbeit, sich in der Diktatorenklasse des Luxuslebens zu behaupten. Lernen Sie die Kunst der Verschwendung von den Meistern. Nur wenige lassen den Rubel mit der gleichen Arroganz und Selbstverständlichkeit rollen wie Diktatoren und ihre Familien. Als Diktator sind Sie geradezu verpflichtet, sich im Luxus zu wälzen, Geld für absurde Statussymbole auszugeben und spektakuläre Orgien und Zeremonien zu veranstalten.

Ihre Ausgaben dürfen keinesfalls der wirtschaftlichen Lage des Landes angepasst sein. Anders ausgedrückt: Die Armut der Bevölkerung hält Sie nicht von einem dekadenten und sorglosen Leben ab. Im Gegenteil, als Führer des Volkes ist es wichtig, Distanz zu markieren und zu betonen, dass Ihr Amt als Staatschef mehr Lohn verdient als den eines Durchschnittsbürgers.

Nehmen Sie sich ein Beispiel an König Mswati III. von Swasiland, dessen Volk sich bescheiden begnügt, während er dem Luxus frönt. Laut *Forbes* hat der König ein Vermögen von 100 Millionen Dollar und ist an allen wichtigen Wirtschaftszweigen des kleinen Landes beteiligt. Davon kann er offenbar nicht leben, denn er bekommt noch eine beträchtliche Apanage vom Staat. 2011 waren es 210 Millionen Emalangeni, was fast 18 Millionen Euro entspricht. Die gleiche Summe gibt das Land für Medikamente aus, insbesondere für HIV-Behandlungen, denn ein Viertel der erwachsenen Bevölkerung leidet unter Aids. Mswati kontrolliert auch einen Fonds von 10 Milliarden Dollar, den sein Vater Sobhuza II. zum Wohl des Volkes gestiftet hat. Kaum nötig zu erwähnen, für wessen Wohl das Geld heute investiert wird. 63 Prozent der Bevölkerung Swasilands lebt von 2 Dollar am Tag oder weniger.

König Mswatis Geldbedarf wird durch seinen Hang zur Polygamie erhöht. Bei der letzten Zählung hatte er 13 Frauen. Und typische Diktatorengattinen sind für einen beträchtlichen Teil der Luxusausgaben verantwortlich. Sie verprassen Millionen auf Shoppingtouren im Ausland. Imelda Marcos und Grace Mugabe sind nur zwei berüchtigte Beispiele, aber in Mswatis Fall verdreizehnfacht sich der Shoppingbedarf. Seine Frauen werden des Öfteren in Europa oder Asien gesichtet. Im Sommer 2010 zog ein Schwarm aus swasiländischen Königinnen mit einem Gefolge von 80 Leuten durch die Boutiquen Londons und Brüssels. Ein Jahr zuvor waren mindestens fünf von ihnen auf einem Einkaufstrip nach Frankreich, Italien, Dubai und Taiwan beobachtet worden. Presseberichte über ähnliche Shoppingexzesse hatten 2008 für Demonstrationen in Swasiland gesorgt, worauf Mswati den Medien jegliche Berichterstattung über den Geldverbrauch des Königshauses verbot. Keiner soll sagen, dass Proteste nicht fruchten!

Noch krasser ist der Kontrast zwischen dem Verbrauch des Diktators und dem Lebensstandard der Bevölkerung in Nordkorea. In dem kommunistischen Paradies sind alle gleich, und die westliche Konsumgesellschaft wird als unmoralisch verdammt, doch die erfindungsreichen Landesführer erheben sich auf äußerst luxuriöse Weise über ihre Prinzipien.

Aus Nordkorea dringt wenig Information durch, oft sind es nur Gerüchte. Manchmal gewähren uns Abtrünnige einen Einblick in die Gewohnheiten der dortigen Elite. Einer dieser »Verräter« ist der frühere Oberst Kim Jong-ryul, der jahrelang Präsident Kim Il-sungs persönlicher Einkäufer im Westen war. Er lief 1994 in Österreich über, indem er sein Ableben fingierte. 2010 publizierten zwei österreichische Journalisten die Geschichte Jong-ryuls. Sein Job als Einkäufer begann 1972, weil Kim Il-sung sich einen Mercedes wünschte. Jong-ryul war der geeignete Mann, da er Deutsch konnte und Ingenieurswesen studiert hatte. Er wurde nach Wien geschickt, wo er 16 Jahre mit Diplomatenpass lebte, um besser Waren ausführen zu können.

Der Exoberst kaufte teure Teppiche und vergoldete Schusswaffen für den großen Führer. Kim Il-sung hatte eine Schwäche für teure Autos und besaß mehrere luxuriöse Villen mit kristallenen Kronleuchtern, Seidentapeten und kostbaren Möbeln.

Dem persönlichen Einkäufer des Diktators zufolge aß Kim Il-sung nur ausländisches Essen. Er schickte seine Köche zur Ausbildung nach Wien, weil er gehört hatte, wie gut die österreichische Küche sei. Dass Österreich damals kaum als kulinarische Großmacht galt, sei dahingestellt. Vielleicht liebte der nordkoreanische Führer einfach nur Wiener Schnitzel und Torten. Sein Erbe Kim Jong-il hingegen war als Feinschmecker bekannt. Die nordkoreanischen Machthaber halten ihr Privatleben geheim, aber ein Japaner, der von 1988 bis 2001 Jong-ils Koch war, hat unter dem Decknamen Kenji Fujimoto ein Buch über die Zeit im Dienst des Diktators geschrieben. Er sei um die ganze Welt gereist, um Spezialitäten zu beschaffen, erzählt er:

Mangos aus Thailand, Meeresfrüchte aus Japan, Kaviar aus Usbekistan und dem Iran, Bier aus Tschechien und Schweinefleisch aus Dänemark. Fujimoto beschreibt Jong-il als äußerst wählerisch. Die Küchenhilfen mussten jedes Reiskorn untersuchen und alle unförmigen aussortieren, denn der geliebte Führer wollte nur perfekt einheitlichen Reis. Nehmen Sie sich ein Beispiel!

Des Kaisers neue Kleider

Als Diktator müssen Sie Niveau beweisen. Zu gewissen Anlässen gilt es, die große Trommel zu rühren. Hochzeiten sind zum Beispiel eine gute Gelegenheit, um der Welt Ihren Status zu zeigen. Die Hochzeit von Jean-Claude »Baby Doc« Duvalier und Michèle Bennett (1980) kostete 3 Millionen Dollar. Allein das Feuerwerk verschlang 100 000 Dollar.

Nicht weniger wichtig sind die Hochzeiten Ihrer Familienmitglieder. Mobutu Sese Seko machte ebenfalls 3 Millionen Dollar locker, als seine Tochter den belgischen Geschäftsmann Pierre Janssen heiratete. Er lud 2500 Gäste ein und ließ sie mit drei Charterflugzeugen einfliegen. Tausend Flaschen Champagner gingen drauf (der billigste kostete circa 120 Euro, der teuerste über 600). Auch die 4 Meter hohe Hochzeitstorte wurde in einem eigens für 75 000 Dollar gecharterten Flugzeug aus Frankreich eingeflogen. Die Braut bekam drei kostbare Brautkleider, eines für die amtliche Heirat, eines für die Kirche und ein drittes für die Feier am Abend. Die jeweiligen Modedesigner waren Nina Ricci, Jean-Louis Scherrer und Christian Lacroix. Selbstverständlich sollte das frisch verheiratete Paar auch ein Dach über dem Kopf haben. Mobutu kaufte ihnen ein Haus in Brüssel, eine Villa in Kinshasa und eine Wohnung in Monte Carlo.

Was Zeremonien und Verschwendungssucht angeht, nimmt Jean-Bédel Bokassa, Kaiser des Zentralafrikanischen Kaiserreichs von 1976 bis 1979, einen Sonderplatz ein. Auch sein Lebensstil und seine größenwahnsinnigen Bauprojekte standen im krassen Gegensatz zum einfachen Leben seiner Untertanen.

Die Geschichte des Herrschers ähnelt der vieler afrikanischer Diktatoren der postkolonialen Ära: eine schwierige Kindheit, Ausbildung bei Missionaren und eine militärische Karriere. Bokassa wurde am 22. Februar 1921 als eines von zwölf Kindern des Stammeshäuptlings Mindogon Mgboundoulou im damaligen Französisch-Äquatorialafrika geboren. Sein Vater wurde bei Protesten gegen die Kolonialherren getötet, die Mutter beging aus Verzweiflung Selbstmord.

Die Familie schickte den Waisenjungen auf eine Missionsschule, wo er sich so sehr für das Grammatikbuch von Jean Bédel begeisterte, dass die Lehrer ihn mit dessen Namen bedachten. 1939 schloss sich Bokassa den freien französischen Streitkräften an. Er kämpfte bei der Befreiung Brazzavilles vom hitlerfreundlichen Vichy-Regime in Frankreich und nahm an der alliierten Landung in der Provence 1944 teil. Nach dem Krieg wurde er nach Französisch-Indochina versetzt, wo er eine 17-Jährige heiratete.

Im Jahr 1962, zwei Jahre nachdem die Zentralafrikanische Republik unabhängig geworden war, bekam Bokassa die Aufgabe, das Heer der jungen Nation aufzubauen. Ein Jahr später war er Oberbefehlshaber von 500 Soldaten und einer der einflussreichsten Männer des neuen Staates. Er genoss große Unterstützung von Präsident David Dacko, der sein Cousin war.

Bokassa liebte es, sich gemeinsam mit dem Präsidenten in Uniform zu zeigen. Am Tisch des Staatschefs suchte er sich selbst seinen Platz aus, weshalb er oft mit dem Protokollchef

Paul Douate in Streit geriet. Dacko schlug alle Warnungen vor dem jungen, ehrgeizigen Offizier in den Wind, was er bald bereuen sollte. In der Silvesternacht 1965 landete Bokassa einen erfolgreichen Überraschungscoup.

Der neue Herrscher war schnell bei der Hand mit absurden Gesetzen. Alle Personen zwischen 18 und 55 Jahren mussten nachweisen, dass sie Arbeit hatten, sonst riskierten sie hohe Bußen oder Gefängnisstrafen. Das Trommeln auf Tamtams war fortan nur nachts und an Wochenenden erlaubt. Eine speziell aufgestellte Moralbrigade sorgte dafür, dass in den Bars und Nachtclubs der Hauptstadt die Sitten eingehalten wurden.

Korruption, Brutalität, willkürliche Machtausübung – Bokassa folgte im Großen und Ganzen dem Trend zeitgenössischer afrikanischer Despoten. Doch der zentralafrikanische Diktator hatte größere Ambitionen als seine Kollegen. Während der Ausbildung im französischen Militär hatte er eine besondere Schwäche für Napoleon Bonaparte entwickelt. Er war so fasziniert von dessen Beispiel, dass er ihm in nichts nachstehen wollte. Im Dezember 1976 rief Bokassa sich selbst zum Kaiser aus, ein Jahr später folgte die pompöse Krönung in der Hauptstadt Bangui.

Die Krönungszeremonie ist ein Paradebeispiel für alle, die viel Geld ausgeben müssen. Zur Vorbereitung wurde eine Schar Reiter auf französische Reitschulen geschickt, um ein gutes Bild bei der Krönungsparade abzugeben. 240 Tonnen exklusive Lebensmittel wurden nach Bangui eingeflogen. Der deutsche Künstler Hans Linus malte zwei Porträts des Kaisers, eins mit und eins ohne Ehefrau. Ein französischer Komponist schrieb zwei Werke für die Feier, einen kaiserlichen Marsch und einen Kaiserwalzer. Nicht zuletzt verfasste ein Dichter eine zwanzigstrophige Ode an Bokassa. Eine davon geht wie folgt:

Bokassa, der neue Bonaparte,
Bangui, seine funkelnde Stadt,
Überstrahlt Rom, Athen und Sparta
Mit ihrer Schönheit Glanz.

Die Gesamtkosten der Krönung beliefen sich auf 22 Millionen Dollar, ein Viertel des jährlichen Landeshaushalts. Zwei Drittel der 4 Millionen Einwohner lebten damals von weniger als 1 Dollar pro Tag. Frankreich, das befürchtete, Einfluss in der Region und nicht zuletzt den Zugang zu den kaiserlichen Urangruben zu verlieren, bezahlte einen Großteil der Rechnung, aber auch lokale Geschäftsleute mussten beitragen, wenn sie ihre Geschäfte in Zukunft weiterführen wollten. So waren die meisten Diamanten im Schmuck des Kaisers Geschenke von zentralafrikanischen Diamantenhändlern.

Zeremonienmeister war der französische Künstler Jean-Pierre Dupont. Die mit Diamanten besetzte Krone hatte der Goldschmied Claude Bertrand gemacht. Zusammen mit dem kaiserlichen Zepter, dem Schwert und anderen Schmuckstücken machte dessen Rechnung 5 Millionen Dollar aus. Bokassas Thron war aus vergoldeter Bronze und wog 2 Tonnen. Er hatte die Form eines riesigen Adlers und war 2,5 Millionen Dollar wert.

Bokassas Garderobe war von seinem Vorbild Bonaparte inspiriert. Sie war von Guiselin designt, der Firma, die schon die Uniformen für Napoleons Krönung geschneidert hatte. Die Krönungsrobe war mit Zehntausenden kleiner Perlen verziert, und wie es einem Kaiser gebührt, hatte der purpurrote Samtmantel des Herrschers eine 9 Meter lange Schleppe. Die Rechnung des Schneiders war mit 145 000 Dollar vergleichsweise bescheiden, aber Bokassas Frau und zukünftige Königin trug ein 72 000-Dollar-Kleid aus Goldlamé des französischen Modehauses Lanvin.

Bokassa wollte mehr Ähnlichkeiten mit Napoleons Zeremonie, als es den Uniformschneidern recht war. Eigentlich wollte er – wie einst der französische Diktator – die Krone aus der Hand des Papstes empfangen und sie sich selbst aufsetzen; aber der Vatikan antwortete höflich, Paul VI. sei zu alt für eine Reise nach Zentralafrika.

Die Zeremonie fand in der Basketballarena des Jean-Bédel-Bokassa-Sportpalasts statt, der in der Jean-Bédel-Bokassa-Straße liegt, nicht weit von der Jean-Bédel-Bokassa-Universität. Während des Festmahls, bei dem unter anderem Antilope, Foie gras und iranischer Kaviar serviert wurde, flüsterte Bokassa dem französischen Minister und Gesandten Robert Galley ins Ohr: »Sie haben es nicht bemerkt, aber Sie haben gerade Menschenfleisch gegessen.« Dies war eher ein Scherz, aber es trug sicher zu Bokassas Ruf als Kannibale bei.

Nur 600 der 2500 geladenen Ausländer erschienen. Viele fanden es peinlich, an einer so selbstverherrlichenden Zeremonie teilzunehmen. Alle Monarchen der Welt standen auf der Gästeliste, aber nur Fürst Emanuel von Liechtenstein erschien. Nicht einmal Bokassas afrikanische Kollegen Idi Amin und Mobutu nahmen teil. Bokassa fegte die Enttäuschung weg: »Sie waren bloß neidisch, weil ich Kaiser bin und sie nicht.« Mag sein, dass er recht hatte.

Nur zwei Jahre später endete Bokassas Karriere als Kaiser, weil die Franzosen sich gegen den früheren Verbündeten wandten. Der Kaiser hatte bestimmt, dass alle Schüler und Studenten eine Uniform tragen sollten, auf die sein Porträt gedruckt war (und die zufällig von einer Firma hergestellt wurde, die eine seiner Frauen besaß), was Proteste auslöste. Das Militär erschoss mehrere Demonstranten, aber die Unruhen dauerten an, bis Bokassa die Nase vollhatte. Die jungen Demonstranten wurden eingesperrt, und der Kaiser nahm persönlich

Jean-Bédel Bokassa vor seinem goldenen Thron bei der Krönung zum Kaiser des Zentralafrikanischen Kaiserreichs im Jahr 1977. Die Zeremonie kostete 22 Millionen Dollar. © *Yann Arthus-Bertrand/Corbis*.

Zu seiner Zeit als Diktator prangte Saddam Husseins Bildnis überall im Irak – hier in Positur auf einer Wand in Bagdad. Heute ist die Wandmalerei leider zerstört. *Foto:* © Imagebroker/ *Ullstein Bild.*

Auch Muammar al-Gaddafi war in Libyen allgegenwärtig. Hier präsentiert er sich im Ethno-Look. © *Zündel/Ullstein Bild.*

Auf der Spitze des 75 Meter hohen »Neutralitätsbogens« ließ der Turkmenbaschi Saparmyrat Ataýewiç Nyýazow eine 10 Meter hohe, rundum
vergoldete Statue seiner selbst aufstellen. Sie rotierte, damit sein Gesicht
immer der Sonne zugewandt war. © JOKER / Hady Khandani/Ullstein Bild

Unter der Herrschaft des Turkmenbaschi war sein Buch Ruhnama obligatorische Lektüre für alle Turkmenen. Diese Skulptur öffnete sich jeden Abend um acht Uhr, und eine Einspielung des Buches erklang über Lautsprecher. © *Arco Images G./Picture Alliance.*

Der Bajterek-Turm (»Die hohe Pappel«) in Kasachstans neuer
Hauptstadt Astana wird im Volksmund »Lolli« genannt. Auf der
Aussichtsplattform kann man seine Hand in einen goldenen
Abdruck von Präsident Nasarbarjews rechter Hand legen und
sich dabei etwas wünschen.
© Photothek/Ullstein Bild.

Nordkoreas Hauptstadt Pjöngjang ist voller architektonischer
Perlen. Das kegelförmige Hotel Ryugyong wurde 1987 begonnen, aber aufgrund wirtschaftlicher Probleme ist es noch nicht
fertiggestellt. Trotzdem dominiert das 330 Meter hohe Gebäude die Skyline der Stadt. © Hans Peters/Ullstein Bild

Sultan Hassanal Bolkiah von Brunei mit seinem Sohn Al-Muhtadee Billah nach dessen Ausrufung zum Kronprinzen 1998. Der Sultan ist der reichste absolute Monarch der Welt. © *Maher Attar/Sygma/Corbis*.

Der Präsidialpalast von Brunei ist ein Wahrzeichen des Landes und ein beliebtes Postkartenmotiv. Mit seinen 200 000 Quadratmetern ist er der größte Regierungspalast der Welt. © *unbekannt.*

Die Insel »Libanon« in der künstlichen Inselgruppe »The World« in Dubai. Der Bau etlicher künstlicher Inseln hat das Vermögen des Emirs von Dubai, Scheich Muhammad, um mehrere Milliarden Dollar reduziert. © *EUROLUFTBILD.DE/Ullstein Bild.*

Kim Jong-il und Kim Jong-un posieren mit dem meritierten Staatschor nach einem Konzert in Pjöngjang im Dezember 2010. Jong-il war ein großer Musikliebhaber. Ganz besonders mochte er Eric Clapton, den er 2009 einlud. Im Gegensatz zu manch anderen Stars schlug Clapton die Einladung aus. © *KCNA/Xinhua Press/Corbis.*

Das philippinische Diktatoren-Ehepaar Ferdinand und Imelda Marcos zu Besuch bei US-Präsident Lyndon B. Johnson. Marcos behauptete, er habe für seinen Kampf gegen die Japaner im Zweiten Weltkrieg eine amerikanische Medal of Honor erhalten, was gelogen war. Dennoch brachte er Ronald Reagan später dazu, ihn als Träger der höchsten militärischen Auszeichnung aufzulisten. © *Marion S. Trikosko/The Granger Collection, New York.*

Dariga Nasarbajewa ist die Tochter des kasachischen Präsidenten Nursultan Nasarbajew und folglich eine einflussreiche Person im Land. Nachdem kritisiert wurde, der Präsident lasse keine Opposition zu, gründete Dariga kurzerhand eine Oppositionspartei. © *Mikhail Evstafiev.*

Wie viele Diktatoren liebten auch Idi Amin (Uganda) und der zentralafrikanische Kaiser Bokassa Uniformen. Idi Amin erschien nicht zu Bokassas
Krönungsfeier, worauf der Kaiser bemerkte, er sei wohl neidisch, weil er
kein Kaiserreich habe. © *AGIP - Rue des Archives / The Granger Collection.*

Jorge Rafael Videla (Argentinien) und Alfredo Stroessner (Paraguay) waren Meister in der lateinamerikanischen Sitte, Menschen »zu verschwinden«. Unter ihrer Herrschaft wurde das Wort zum transitiven Verb. Stroessner blieb 45 Jahre an der Macht, vielleicht weil er »nur« circa 500 Menschen »verschwunden hatte«. Die Regierung Videla hingegen »verschwand« von 1976 bis 1981 zwischen 9000 und 30 000 Menschen. © *Horacio Villalobos/Corbis.*

König Mswati III. (Swasiland) ist Afrikas einziger absoluter Monarch. Der König praktiziert Polygamie (derzeit hat er dreizehn Ehefrauen) und bei traditionellen Ritualen angeblich auch Sodomie. © *Dubber/Ullstein Bild*.

Gaddafi wollte ein libysches Automobil produzieren und entwarf selbst »Die libysche Rakete«, hier der spätere Prototyp von 2009. Der spitze Kühler sollte bewirken, dass zwei Autos im Fall eines Frontalzusammenstoßes einander zur Seite schieben. Leider kam es nie zur Produktion. © *unbekannt.*

Afrikas »kleiner großer Mann« Omar Bongo bei der jährlichen »Fête de la Rénovation«. Der Festtag markierte die Gründung der Gabunischen Demokratischen Partei, die bis 1990 die einzige legale Partei des Landes war. © *Bruno Barbey/Magnum Photos / Agentur Focus.*

Die Omnipräsenz gehört zu den obersten Geboten eines Diktators. Ein guter Despot muss das Volk überall und jederzeit mit seinem Bildnis konfrontieren. Hier ein Triptychon zu Ehren Valentine Strassers, der 1992 zufällig Präsident von Sierra Leone wurde. © *unbekannt.*

Zaires Diktator Mobutu Sese Seko mit Boxweltmeister Muhammad Ali. Er und George Foreman bekamen jeder 5 Millionen Dollar für ihren legendären Boxkampf 1974 in Zaire – so viel war Mobutu die Publicity wert. Standfoto aus dem Dokumentarfilm »*When We Were Kings*« *von Leon Gast.* © *Rue des Archives / The Granger Collection.*

Das chinesische Volk pilgert an den sterblichen Überresten Mao Zedongs vorbei. Gerüchten zufolge ist der einbalsamierte Leichnam längst durch eine Wachsfigur ersetzt worden. © *AP Photo/Picture Alliance.*

an ihrer Misshandlung teil. An die hundert Schulkinder starben, viele davon nicht älter als acht Jahre. Als die Neuigkeit von dem Massaker durchsickerte, sorgte Frankreich dafür, Bokassas Vorgänger Dacko wieder einzusetzen. Dennoch ging der Monarch nach Paris ins Exil.

Stilvoll wohnen

Die Ausgaben von Diktatoren zeugen von einem erbarmungslosen Konkurrenzkampf unter Kollegen, bei dem der Gebrauchswert der Dinge eine untergeordnete Rolle spielt. Jeder Diktator will die größten, teuersten und extravagantesten Exemplare bestimmter Luxusartikel besitzen. Man braucht die größte Jacht, das schnellste Auto oder den luxuriösesten Palast.

Ein angemessener Wohnsitz ist natürlich besonders wichtig. Er soll so groß wie möglich sein, und in der Regel reicht einer nicht aus. Neben Palästen im Heimatland sollte man unbedingt Immobilien im Ausland besitzen, damit man beim Einkaufstrip in Paris oder Rom nicht im Hotel absteigen muss. Außerdem ist man so auf ein mögliches – Gott bewahre! – Exil vorbereitet.

Was Architektur und Einrichtung angeht, weist der Geschmack der meisten Diktatoren viele Gemeinsamkeiten auf. »Weniger ist mehr« ist als Motto nicht angesagt, sondern »Genug ist nicht genug«. Trotz allen Größenwahns trägt die Einrichtung eines Diktators oft feminine Züge. Ein Alleinherrscher ist sich seiner Männlichkeit so sicher, dass Pastellfarben und glitzernde Juwelen ihn nicht bedenklich stimmen.

Dies sind die wichtigsten Eigenschaften eines Interieurs auf Diktatorenweise:

▶ *Denken Sie groß:* Dieser Punkt ist selbstredend. Je größer Ihr Palast, desto mehr Macht demonstrieren Sie. Präsidentenpaläste und königliche Schlösser sind in aller Welt geräumig, aber Diktatoren tendieren zur Übertreibung, um alle anderen zu übertreffen. Der größte und wahrscheinlich luxuriöseste Präsidentenpalast der Welt gehört dem Sultan von Brunei. 200 000 Quadratmeter nimmt das architektonische Meisterwerk ein. Es heißt »Istana Nurul Iman« (»Palast des Lichts und des Glaubens«), hat 1788 Zimmer, darunter 257 Bäder, eine Festhalle mit Platz für bis zu 5000 Menschen und eine Moschee für 1500 Personen. Die Garage ist etwas zu klein geraten, denn mit 110 Autos passt nur ein Bruchteil der Sammlung des Sultans hinein. Der Palast wurde 1984 erbaut und kostete 400 Millionen Dollar.

Man muss dem Sultan zugutehalten, dass auch die Regierung und Verwaltung Bruneis dort untergebracht ist. Wenn der Sultan einmal Abstand von seinen täglichen Pflichten braucht, hat er jedoch noch drei andere Paläste zur Verfügung, die auch nicht klein sind.

▶ *Denken Sie retro:* Öffentliche Gebäude lassen Diktatoren gern in modernem, futuristischem Stil errichten, aber was die Privatgemächer angeht, ist ihr Geschmack eher konservativ. Viele finden Inspiration in der alten aristokratischen Architektur, manchmal aus ihren Heimatländern, doch meist aus Europa. Dies mag erstaunen, da Europa zur Zeit relativ wenige Diktaturen beherbergt, jedoch waren viele der heutigen Diktaturen einmal europäische Kolonien, deren Oberklasse Europäer oder Einheimische waren, die europäische Denkweisen übernahmen.

▶ *Denken Sie barock:* Damit ist nicht unbedingt die historische Periode gemeint (obwohl dies keineswegs ausgeschlossen ist), sondern im übertragenen Sinne eine überladene Einrichtung. Minimalismus und Diktatur passen nicht zusammen, Bescheidenheit ist nicht angebracht. Haben Sie Geld, müssen Sie es zeigen. Es ist immer Platz für einen Extra-Kronleuchter oder ein paar Säulengänge, und fast alles lässt sich mit ein wenig Goldfarbe verzieren.

▶ *Denken Sie Gold:* Dieses Metall wird unter Diktatoren nie außer Mode geraten. Spätestens seit den Pharaonen ist es das Lieblingsmaterial aller Herrscher. Fast alles lässt sich vergolden, allem voran Ihre Statuen und Büsten. Neben seinem vergoldeten Thron hatte Kaiser Bokassa auch ein vergoldetes Bett. Der kubanische Diktator Fulgencio Batista bekam ein vergoldetes Telefon von der amerikanischen Telefongesellschaft ITT, weil er dafür gesorgt hatte, dass Telefonieren in Kuba teuer blieb. Alle Despoten lieben vergoldete Wasserhähne, was darauf hindeutet, dass Gold in ihrer Welt Reinheit symbolisiert. In den Badezimmern aller Diktatoren, von Ceauşescu bis Marcos, strömt(e) das Wasser aus goldenen Armaturen.

Auch vergoldete Waffen sind ein Dauerbrenner. Muammar al-Gaddafi schwang eine goldene Pistole, als er verhaftet wurde, und noch mehr glitzernde Waffen wurden in seinem Palast gefunden. Saddam Hussein besaß ebenfalls eine ganze Sammlung vergoldeter Schusswaffen, unter anderem mehrere Kalaschnikows. Er aß im Übrigen von goldenen Tellern, die nach der amerikanischen Invasion im Restaurant »Park Avenue Autumn« in New York landeten.

▶ *Denken Sie an sich selbst:* Der wichtigste Mensch der Welt sind Sie, und es gibt nur eine Art und Weise, dies zu zeigen. Die meisten Diktatoren füllen den öffentlichen Raum mit Abbildungen ihrer selbst, warum also nicht auch das eigene Heim? Stellen Sie es mit Gemälden, Fotografien, Büsten und Statuen zu, die niemand anderen als Sie zeigen. Heuern Sie dazu berühmte Künstler an.

Diktatorentransport

Wenn Diktatoren nicht in ihren Palästen sind, findet man sie meist auf einer gigantischen Jacht. Sechs der zehn weltgrößten Jachten gehören Diktatoren (die bis 2013 allergrößte gehört allerdings dem russischen Oligarchen Roman Abramowitsch). Insbesondere arabische Herrscher haben einen Sinn für die großen Boote. Scheich Chalifa bin Zayid bin Sultan Al Nahyan, Präsident der Vereinigten Arabischen Emirate und Emir von Abu Dhabi, setzte 2013 mit der 180 Meter (590 Fuß) langen Jacht »Azzam« einen neuen Weltrekord. Gerüchten zufolge hat das Schiff fünfzig Suiten, sechs Brücken, eine 550 Quadratmeter große Lounge und ist mit allem erdenklichen und unerdenklichen Luxus ausgestattet. Der französische Designer Christophe Leoni übernahm die Inneneinrichtung im imperialistischen Stil der vorletzten Jahrhundertwende. Die Jacht hat die beachtliche Höchstgeschwindigkeit von 31,5 Knoten. Chalifas arabische Kollegen sind aber auch nicht viel schlechter. Die Jacht des Emirs von Dubai misst 162 Meter, der Sultan von Oman kommt auf 155 Meter und der König von Saudi-Arabien auf 147 Meter.

Für Gaddafis Sohn Hannibal war keine Jacht der Welt groß genug. Er bestellte lieber gleich ein Kreuzfahrtschiff für bis zu 3500 Gäste, um genug Freunde zu seinen rauschenden Partys auf See einladen zu können. An Luxus und Diktatorentand sollte es auch dort nicht fehlen, doch Hannibal hatte noch einen besonderen Gag auf Lager. Als Mittelpunkt des Schiffes war ein großes Aquarium für zwei Tigerhaie, zwei Weiße Haie und zwei Schwarzflossen-Riffhaie geplant. Es sollte von Marmorsäulen, goldgerahmten Spiegeln und goldenen Statuen umgeben sein. Vier festangestellte Meeresbiologen hätten für das Wohl der Kuscheltiere sorgen sollen.

Das Schiff sollte den Namen »Phoenicia« tragen, doch leider wurde es vor Papa Gaddafis Tod nicht fertiggebaut. Hannibal musste 2011 aus Libyen fliehen. Dadurch kann heute jedermann wie ein echter Diktator auf Kreuzfahrt gehen, denn eine Reederei kaufte das Schiff und taufte es »MSC Preziosa«. Leider wurde das Haiaquarium aus dem Programm gestrichen.

Auch Diktatoren nichtmaritimer Länder fühlen sich auf hoher See wohl. Turkmenistans »Beschützer« Gurbanguly Berdimuhamedow wollte ein Jacht, die genauso groß wie Abramowitschs sein sollte. Leider sind die Kanäle, die von Turkmenistan ins Kaspische Meer führen, zu schmal, weshalb er sich mit einem kleineren Boot zufriedengeben musste. Dies geht aus einem Bericht der amerikanischen Botschaft in Aschgabat hervor, der von WikiLeaks veröffentlicht wurde.

Berdimuhamedow nutzte seine uneingeschränkte Macht, um die neue Jacht zu bemannen. Dem Geheimbericht zufolge wurden sieben Seeleute, die eigentlich bei der internationalen Logistikfirma GAC angestellt waren, an Bord der neuen Jacht beordert. Der Chef der Firma berichtete der Botschaft, er habe die Anfrage bekommen, einen Navigator, einen Steuermann und einen Ingenieur »auszuleihen«. Die drei wollten jedoch nicht für den Diktator arbeiten, was Berdimuhamedow keineswegs stoppte. Die Botschaft berichtete: »Weniger als drei Tage später enterten Sicherheitsoffiziere das Schiff im Hafen und beschlagnahmten alle zur Ausfahrt notwendigen Papiere.« Der Chef der GAC flog aus den Ferien nach Hause, um mit dem Hafenchef von Turkmenbaschi zu sprechen. Dieser war so verärgert über die Weigerung der Seeleute, dass er ihm den Rücken zudrehte. Es endete damit, dass die drei Seeleute auf die Jacht des Diktators überführt wurden. Später verlangten die turkmenischen Behörden vier weitere Angestellte. Zuerst war von Leiharbeit die Rede, doch die sieben Seeleute kehrten nie zur GAC zurück.

Das WikiLeaks-Dokument enthüllt ebenfalls, dass die Jacht 60 Millionen Dollar gekostet habe und ein Geschenk der russischen Firma Itera sei, die große Industrieprojekte in Turkmenistan betreibt. Ein weiteres Beispiel, wie gut Korruption funktioniert.

Was das Interieur der Jachten angeht, setzen Diktatoren auf denselben Stil wie in ihren Palästen. Auf der Megajacht »Dubai« zum Beispiel dominieren Gold, Glas und edle Holzpaneele. Natürlich fehlen auch Notwendigkeiten wie ein Helikopterlandeplatz und ein eigenes U-Boot nicht.

Eine Jacht hat man in erster Linie zum Zweck der Erholung oder Repräsentation. Für längere Reisen benutzen auch Diktatoren das Flugzeug. Doch Schlangen auf öffentlichen Flugplätzen sind für Männer ihres Ranges unziemlich. Jeder Despot mit etwas Selbstrespekt besitzt eines oder mehrere Privatflugzeuge. Der Sultan von Brunei hat mindestens drei große Jets in seinem Hangar, eine Boeing 767, eine 747 und einen Airbus A340-200. Selbstverständlich folgt auch die Inneneinrichtung der Jets den üblichen Trends. Im Jumbo-Jet des Sultans findet man in guter alter Diktatorentradition goldene Wasserhähne vor.

Der Emir von Dubai sowie viele weitere arabische Herrscher reisen ebenfalls mit einer 747, doch den Größenrekord hält der saudische Prinz al-Walid ibn Talal, ein Neffe König Abdullahs. Er bestellte als Erster einen privaten Airbus A380 Superjumbo, das weltgrößte Passagierflugzeug, für 488 Millionen Dollar und besitzt somit das teuerste Privatflugzeug der Welt. Die gigantische Maschine hat ein mit Marmor verkleidetes türkisches Bad, einen kleinen Konzertsaal und eine Garage für den Rolls-Royce des Prinzen. Jede der Privatsuiten hat ihren eigenen Gebetsraum mit elektrischen Gebetsteppichen, die immer nach Mekka zeigen. Die Krönung ist ein »Wellness-Raum«, dessen Boden aus einem riesigen Bildschirm besteht. Er zeigt die Landschaft, die gerade überflogen wird. So bekommen die Fluggäste das Gefühl, auf einem fliegenden Teppich zu schweben.

Gepanzerter Luxus

Teure Autos gehören zu den begehrtesten Luxuswaren von Diktatoren. Ferrari, Bugatti, Bentley und andere Hersteller exklusiver Limousinen stünden ohne Despoten zweifelsohne schlechter da.

Obligatorisch sind Rolls-Royce und Cadillac. Selbst Lenin, der Revolutionsheld der Sowjetunion, soll unter anderem neun Rolls-Royce Silver Ghost besessen haben. Leider ist nicht überliefert, wie dies mit seinem Ziel einer klassenlosen Gesellschaft vereinbar war, doch wer weiß, vielleicht hatte er ja höchste Ambitionen für Russlands Proletariat. In Asien, Nordafrika und dem Mittleren Osten sind schnelle Sportwagen wie Ferrari oder Lamborghini die beliebtesten Vehikel von Diktatoren und ihren Familien. Südlich der Sahara lässt dieses Interesse nach, vielleicht, weil die Straßen so schlecht sind, dass diese Marken so gut wie unbrauchbar wären. Eine Ausnahme ist Teodorin Obiang, Sohn des Präsidenten von Äquatorialguinea, der etliche Autos in der Millionenklasse besitzt.

Der Klassiker schlechthin ist ein gepanzerter Mercedes. Kim Jong-il gehörte zu den Auserwählten, er wurde oft in einer S-600-Pullman-Guard-Limousine gesichtet. Mike Kim schreibt in dem Buch *Escaping North Korea*, im Jahr 2001 habe der nordkoreanische Staatschef 20 Millionen Dollar für 200 neue

Mercedes-Limousinen ausgegeben, die er an seine treuesten Gefolgsleute verschenkte.

Als Diktator haben Sie in der Regel das Glück, dass Ihre Autos nach Wunsch hergestellt werden. Schah Reza Pahlavi war zutiefst beeindruckt von Maseratis Sportwagen 3500 GT. Trotzdem wollte er sich nicht mit dem Standard zufriedengeben und bat Maserati um eine neue, noch bessere Variante. So wurde der Maserati 5000 GT erschaffen, dessen erstes Exemplar 1959 an den persischen Hof ging. Viele Automobilfans betrachten den 5000 GT noch heute als Maseratis bestes Modell.

Ugandas Idi Amin hatte einen für seinen Beruf außergewöhnlichen, zukunftsgerichteten Geschmack. Er war ein großer Fan des kultigen Citroën SM, damals das Flaggschiff der Marke und heute ein Designklassiker.

Es überrascht kaum, dass der Sultan von Brunei auch in puncto Autos seine Kollegen übertrumpft. Die Königsfamilie besitzt mehrere Tausend, der Sultan selbst hat eine Sammlung von etlichen Hundert, darunter die modernsten Superautos: mehrere MacLaren F1, Dutzende Ferraris und Bentleys und viele individuell zusammengestellte Modelle, zum Beispiel ein Rolls-Royce mit dem Heck eines Porsche 911. Ein anderer Rolls-Royce steht jederzeit mit laufendem Motor vor dem Palast, falls der Sultan es einmal eilig hat.

Prinz Jefri Bolkiah, der Bruder des Sultans, hat mit über 2000 Autos eine noch größere Sammlung als der Sultan selbst. Michael Sheehan, der mit Luxusautos handelt, besuchte Brunei, um einige der Wagen zu kaufen. Ihm zufolge hat der Prinz acht riesige Lagerhallen mit exklusiven Fahrzeugen gefüllt. Jefri war von 1986 bis 1997 Finanzminister von Brunei und als solcher für die Brunei Investment Authority (BIA) zuständig, die die Öleinnahmen des Landes verwaltet. Nach der asiatischen Finanzkrise 1997 wurden die Investitionen der BIA einer öffentlichen Revision unterzogen. Prinz Jefris Firma Amadeo ging 1998 mit 10 Milliarden Dollar Schulden pleite. Die Revision enthüllte, dass zwischen 1983 und 1998 40 Millionen Dollar »spezielle Überweisungen« auf Jefris Konten getätigt wurden. Deshalb kann der Prinz es sich heute nicht mehr leisten, Angestellte zur Wartung seiner Autos zu bezahlen. Einige wurden verkauft, aber die meisten rosten in Bruneis feuchtwarmem Klima vor sich hin.

Muammar al-Gaddafi gebührt die Ehre, als einziger Diktator ein eigenes Auto designt zu haben. »Saroukh el-Jamahiriya« (»Die libysche Rakete«) wurde erstmals 1999 am dreißigsten Jahrestag der libyschen Revolution präsentiert. Der Name kommt von der spitz zulaufenden Motorhaube, die dem Auto eine ähnliche Form wie eine Rakete gibt. Die spezielle Form sollte zum »sichersten Auto der Welt« beitragen, da zwei Wagen im Fall einer Frontalkollision einander zur Seite schieben würden. Der Haken an der Sache war, dass dies nur mit zwei Autos gleicher Bauart funktioniert hätte. Die »Rakete« bot Platz für fünf Personen und hatte ein »elektronisches Sicherheitssystem« mit Airbags und automatischem Abbruch der Treibstoffversorgung bei Unfällen, um Brände zu verhindern.

»Die Erfindung des sichersten Autos der Welt ist ein Beweis dafür, dass die libysche Revolution auf dem Glück des Volkes aufbaut«, sagte Dukhali al-Meghareff, der Chef der Libyan Arab Domestic Investment Company, die das Auto entwickelt hatte. Der Name solle unterstreichen, dass Libyen für friedliche Zwecke Raketen baue, während andere sie zum Töten herstellen, fügte Meghareff hinzu.

Es wurde angekündigt, noch im selben Herbst mit der Produktion zu beginnen. Danach hörte man zehn Jahre lang nichts mehr von dem Fahrzeug. Auf einem Treffen der Afrikanischen Union in Tripolis wurde 2009 eine aktualisierte Version der »Rakete« präsentiert. Diesmal war der Prototyp von der italienischen Firma Tesco TS SpA hergestellt. Das Interieur sollte libysche Produkte wie Leder, feine Stoffe und Marmor repräsentieren. Auch diesmal wurde die baldige Serienproduktion angekündigt, ohne dass etwas geschah.

6. Wie man seinen Samen verteilt

Unter historischen und zeitgenössischen Diktatoren finden wir Menschen mit imponierender sexueller Triebkraft. Der Grund mag einfach sein: Hat man die Möglichkeit zu unbegrenztem Sex, greift jeder zu wie ein Kind im Süßwarenladen. Oder haben Diktatoren ein so großes Ego, dass es immer befriedigt und stimuliert werden muss? Vielleicht ist es sogar ihr Sexualtrieb, der sie an die Spitze der Hierarchie treibt. Gleich, wo die Ursache liegt, als Diktator haben Sie in der Regel freien Zugang zu allen erdenklichen sexuellen Freuden, und viele Kollegen sind Ihnen mit gutem Beispiel vorausgegangen.

Die brutalsten Despoten der Geschichte waren notorische Schürzenjäger, viele neigten zur Perversion. Als Liebhaber waren sie meist egoistisch und wenig einfühlsam. Benito Mussolini zum Beispiel begnügte sich gern mit einem Quickie am Schreibtisch, ohne sich dabei der Hose zu entledigen.

»Macht ist das ultimative Aphrodisiakum«, antwortete Henry Kissinger, damals nationaler Sicherheitsberater der USA, als der Vorsitzende Mao Zedong fragte, warum ein dicker Mann wie er so viele Frauen bekäme. Bei einem Treffen in China bot Mao Kissinger an, er könne 10 Millionen Chinesinnen mit nach Amerika nehmen. »Wissen Sie, China ist ein sehr armes Land.

Wir haben nicht so viel. Aber wir haben einen Überschuss an Frauen. Wenn Sie die haben wollen, können wir Ihnen ein paar Zehntausend schicken.« Wenige Minuten später erhöhte er das Angebot: »Möchten Sie unsere chinesischen Frauen? Wir können Ihnen 10 Millionen geben. Wir haben zu viele, und sie bekommen zu viele Kinder.« Kissinger antwortete rasch und diplomatisch: »Das ist ein so überraschendes Angebot, dass wir uns Bedenkzeit ausbitten.«

Später steckten Maos Ratgeber dem Vorsitzenden, dass das Volk solche Kommentare nicht schätzte. Mao entschuldigte sich bei seiner Dolmetscherin, und er und Kissinger einigten sich darauf, die Bemerkung aus dem Protokoll zu streichen. Erst 35 Jahre später kam die Geschichte ans Licht.

Macht ist sexy, und absolute Macht ist unwiderstehlich. Doch Diktatoren haben noch einen weiteren Vorteil bei der Verführung: Ihre Untertanen müssen gehorchen. Wer lüsternen Despoten einen Korb gibt, muss mit fatalen Folgen rechnen.

Umgekehrt kann Sex auch als Machtwerkzeug benutzt werden. König Ibn Saud, der Gründer Saudi-Arabiens, vereinte die Nation unter anderem, indem er Frauen aus über 30 verschiedenen Stämmen heiratete. Er hatte stets vier Ehefrauen, vier Konkubinen und vier Sklavinnen zur Verfügung. Als einer der Stämme Gerüchte über das Nachlassen seiner Virilität verbreitete, kam er zu Besuch und nahm einem jungen Mädchen des Stammes die Jungfräulichkeit. Er brüstete sich damit, 700 Mädchen entjungfert zu haben.

Adolf Hitlers Sexleben trug eindeutig masochistische Züge. Kurz nach der Machtergreifung lud er den 19-jährigen Filmstar Renate Müller zu sich ein. Stolz prahlte er, wie brutal die Foltermethoden seiner Gestapo seien. Dann gingen sie ins Schlafzimmer und zogen sich aus. Hitler legte sich vor ihr auf den

Boden und rief: »Ich bin schmutzig und unrein. Schlag mich! Schlag mich!« Später vertraute sie dem Regisseur Alfred Zeisler an, Hitler habe sie zu noch schlimmeren Dingen gezwungen, über die sie nicht reden wolle.

Ende der Zwanzigerjahre hatte Hitler ein Verhältnis mit seiner Nichte Geli Raubal, der Tochter seiner Halbschwester. Otto Strasser, anfangs Mitstreiter und später Gegner Hitlers, behauptete, Hitler habe Raubal gezwungen, sich auf sein Gesicht zu setzen. Kurz vorm Orgasmus habe er sie aufgefordert, auf ihn zu urinieren.

Auch Hitlers langjährige Lebensgefährtin Eva Braun hat Hitlers Neigung angedeutet: »Er braucht mich nur für bestimmte Zwecke. Das ist idiotisch«, schrieb sie in ihr Tagebuch. Mittlerweile scheint ein Gerücht bestätigt zu sein, das lange vorher kursiert hatte: Der Diktator hatte nur einen Hoden. Die Behauptung bleibt umstritten, manche bezeichnen sie als Propaganda. Sicher ist nur, dass Hitler im Ersten Weltkrieg bei der Schlacht an der Somme an der Leiste verwundet wurde. Eine zweite Theorie besagt, einer seiner Hoden sei entfernt worden, um ihn von einer Syphilis zu kurieren, die er sich bei einer Prostituierten zugezogen hatte.

Mussolini, der Kämpe

Der italienische Faschistenführer Benito Mussolini war ein berüchtigter Schürzenjäger. 2009 wurden die Tagebücher seiner langjährigen Geliebten Claretta Petacci veröffentlicht, die einiges enthüllen. Die Beziehung begann, als Petacci 19 Jahre alt war, und bald wurde sie Mussolinis bevorzugte Gespielin. Sie nannte ihn Ben, er sprach in aller Bescheidenheit von sich selbst als »dein Kämpe«.

»Eine Zeit lang hatte ich vierzehn Frauen, und jeden Abend nahm ich drei oder vier von ihnen, eine nach der anderen. Das gibt dir einen Eindruck meiner Potenz«, soll Mussolini zu ihr gesagt haben. Doch allmählich wurde sie zu seiner einzigen Partnerin. Nicholas Farrells Mussolini-Biografie zufolge hatte der »Duce« (»Führer« – ein weiterer fescher Titel, besonders, wenn er so liebevoll wie im Italienischen gebraucht wird) mit mindestens 5000 Frauen Sex. »Mussolinis Diener Quinto Navarra verriet, dass sein Chef ständig mit Frauen schlief, auch hinter Petaccis Rücken«, sagte Farrell in einem Interview. Laut Navarra hatte Mussolini bis zu seiner Absetzung jeden Nachmittag Frauenbesuch in seinem Büro. Im Gästebuch sind sie als »faschistische Besucherinnen« eingetragen. Die Visiten dauerten selten lange.

Bongos Designer-Zuhälter

Omar Bongo, der selige Präsident von Gabun, war einer der am längsten regierenden Staatschefs der Welt. Anlässlich eines Staatsbesuchs in Norwegen 2001 leistete sich der damalige Außenminister Thorbjørn Jagland einen Fauxpas, als er in einem Interview den Spitznamen des Diktators verriet. Dass »Bongo aus Kongo« geografisch falsch ist, spielte dabei kaum eine Rolle.

Doch Bongo war mehr als eine Witzfigur. Er regierte Gabun von 1967 bis zu seinem Tod 2009, also 42 Jahre lang. Weil er so klein war, galt er als »Afrikas kleiner großer Mann«. Bongo kompensierte seine Körpergröße mit Plateauschuhen und eleganten Kleidern und war als charmante und charismatische Person bekannt.

Er heiratete dreimal und zeugte über 30 Kinder mit seinen Ehefrauen und diversen Liebhaberinnen. Doch das war dem virilen Diktator offenbar nicht genug. Die *New York Times* berichtete 2004 über Bongos Annäherungsversuche an eine peruanische Schönheitskönigin. Das peruanische Außenministerium behauptet, die 22-jährige Ivette Santa Maria sei zur Organisation einer Misswahl nach Gabun gelockt worden. Als sie zu Bongo kam, drückte dieser einen Knopf, der in bester James-Bond-Manier eine Schiebetür öffnete, hinter der ein riesiges Bett stand. Santa Maria sagte, sie sei keine Prostituierte, und ließ sich zurück ins Hotel fahren. Da sie kein Geld für die Heimreise hatte, musste sie zwölf Tage in Gabun verbringen, ehe sie Hilfe erhielt.

Wie die meisten Diktatoren schätzte Bongo das süße Leben. Eine besondere Schwäche hatte er für teure Kleidung. Er soll 600 000 Dollar im Jahr für Designeranzüge aus Frankreich ausgegeben haben. Sein Lieblingsschneider in Paris war der Italiener Francesco Smalto. Dessen Verkaufstrick war, dass er den Diktator nicht nur ein-, sondern auch entkleidete. Als Extraservice schickte er Luxushuren zusammen mit seinen Anzügen nach Gabun.

Im Jahr 1995 erschütterte eine Anklage gegen Smalto wegen Zuhälterei die französische Modewelt. Die Sache begann mit einer Ermittlung gegen die bekannte Puffmutter Laure Moerman, die »Models« an Modedesigner vermittelte. Mehrere der jungen Frauen verrieten der Polizei, dass Smalto sie zur »Übergabe« der Kleider zu Bongo geschickt hatte.

»Es lief sehr schlecht an diesem Abend. Bongo wollte kein Kondom benutzen, und weil einer seiner Freunde an Aids gestorben war, wollte ich nicht mit ihm schlafen«, sagte ein Mädchen namens Monica aus. Ein zweites namens Chantal sagte aus, dass Bongo 6000 Pfund ohne und 1200 Pfund mit Kondom bezahlte.

Smalto stritt zunächst alles ab, doch dann gab er zu, die Mädchen nach Gabun geschickt zu haben, um seinen besten

Kunden nicht zu verlieren. »Wir bemerkten, dass die Anwesenheit von Frauen es wesentlich leichter machte, mit Herrn Bongo zu handeln«, sagte er. »Ich hatte schon den Verdacht, dass er mit ihnen schlief, aber ich war mir nicht sicher.«

Smalto wurde zu fünfzehn Monaten Gefängnis auf Bewährung und einer Geldstrafe von 600 000 Franc verurteilt. Außerdem musste er die symbolische Summe von 1 Franc an eine Gesellschaft zur Bekämpfung der Prostitution zahlen.

Selbstverständlich lässt sich ein guter Diktator nicht vom Rechtssystem eines demokratischen Staates an der Nase herumführen. Bongo rief seinen Botschafter aus Paris zurück, und seine Anhänger demonstrierten vor der französischen Botschaft in Gabuns Hauptstadt Libreville.

Bunga Bunga mit Oberst Gaddafi

Muammar al-Gaddafi ist ein weiteres Beispiel für einen Herrscher, der sich schamlos an seinen weiblichen Untertanen vergeht. Seine persönliche Leibgarde bestand ausschließlich aus Frauen. Er wählte sie persönlich aus, angeblich mussten sie Jungfrauen sein und ein offizielles Keuschheitsgelübde ablegen. Trotzdem hielt sich hartnäckig das Gerücht, der Oberst erwarte auch sexuelle Dienste von ihnen.

In einem Interview mit der britischen *Sunday Times* sprach Gaddafis Koch Faisal über das Sexleben des Diktators. In sieben Jahren Dienst hatte er einiges mitbekommen. Gaddafi hat angeblich mit vier Frauen täglich geschlafen und so viel Viagra genommen, dass seine Ärzte ihn warnten. Nicht nur die blauen Pillen halfen ihm. Er schickte einen seiner Diener vertraulich nach Paris, um dort ein Gerät zur Penisverlängerung zu kaufen.

Die weibliche Leibgarde war keineswegs so keusch, wie die Propaganda es darstellte. Faisal: »Sie hatten alle Sex mit Gaddafi. Die Hübschesten unter ihnen wurden reich, er schenkte ihnen Villen und dicke Bündel Geldscheine.« Offenbar schwor der Diktator auf Sex unmittelbar vor öffentlichen Auftritten. Einmal soll er mit vier Frauen geschlafen haben, kurz bevor er sich mit Prinz Andrew traf, um das Verhältnis zwischen Libyen und Großbritannien zu diskutieren.

Der frühere italienische Ministerpräsident Silvio Berlusconi und Oberst Gaddafi waren dicke Freunde. Erst kurz vor Gaddafis Sturz 2011 hängte Berlusconi sein Fähnchen nach dem Wind und unterstützte die libysche Widerstandsbewegung. Er und der Oberst hatten gemeinsame Hobbys: Prostituierte und schlechte Regierung.

Als Gaddafi 2009 nach dem Vorsitz der Afrikanischen Union strebte, fehlte ihm eine Stimme. Nuri Al Mismari, ein enger Vertrauter des Revolutionsführers, der 2010 ins französische Exil ging, berichtet, dass Berlusconi ihm in dieser Situation zu Hilfe eilte. Der Premier schickte zwei Prostituierte zu einem nicht namentlich genannten afrikanischen Staatschef. »Dieser wurde überzeugt und stimmte für Gaddafi. So entstand der Ausdruck ›Bunga Bunga‹«, erläuterte Al Mismari der Zeitung *Ashaeq Al-Awsat*.

Bald schon floss der Ausdruck in die italienische Sprache ein. Im Mai 2010 wurde die minderjährige marokkanische Tänzerin Karima El Mahroug in Mailand wegen Diebstahls verhaftet (sie war auch unter dem »Künstlernamen« Ruby Rubacuori – »Ruby Herzensbrecherin« – bekannt). Da bekam die dortige Polizei einen Anruf aus dem Büro des Premierministers. Die verhaftete Frau sei mit dem ägyptischen Diktator Husni Mubarak verwandt, hieß es, was sich später als pure Erfindung herausstellte.

Bei ihrer Vernehmung sagte El Mahroug aus, dass sie zu diversen Partys bei Berlusconi eingeladen worden war. An einem dieser Abende bekam sie einen Umschlag mit 7000 Euro. Auch Schmuck hatte sie angenommen, gestand sie, bestritt jedoch, mit dem Premierminister Sex gehabt zu haben.

Ruby verriet noch mehr über Berlusconis sogenannte Bunga-Bunga-Partys: »Silvio sagte, er habe die Idee von Gaddafi abgeschaut. Es sei ein Ritual aus dessen afrikanischem Harem.«

Auch der Sohn des Diktators, Saadi Gaddafi, hatte ein höchst aktives Sexleben, nicht nur mit Frauen. Davon kann der libysche Fußballspieler Reda Thawargi ein Lied singen. Er spielte zusammen mit Saadi im libyschen Verein al-Ahli und war mit ihm befreundet. Saadi versuchte, eine Fußballkarriere in Italien zu beginnen, und nahm Thawargi mit. 2003 bekam er einen Vertrag beim Erstligisten Perugia. Leider waren die Ambitionen des Diktatorensohns größer als sein Talent, er spielte nur ein Match für Perugia, dann wurde er positiv auf Doping getestet.

Was die Freunde im Stadion nicht brachten, machten sie in Perugias Nachtclubs wett. Gaddafi junior und er hätten ständig gefeiert, so Thawargi, und Mädchen in ihr Luxushotel geschleust. Saadi brachte auch Männer mit. »Saadi ist schwul. Einmal wollte er Sex mit mir, aber ich habe mich geweigert. Ich mag nur Frauen. Deshalb ließ er mich ins Gefängnis werfen«, schilderte Thawargi der Zeitung *The Australian*. Der Richter machte kurzen Prozess: »Wenn Saadi sagt, dass du etwas verbrochen hast, musst du ins Gefängnis«, ließ er verlauten.

Der Fußballspieler saß zweieinhalb Jahre und wurde im Februar 2011, genau zu Beginn des libyschen Aufstandes, freigelassen. »Saadi rief mich gleich an und forderte mich auf, offiziell im Fernsehen für ihn zu sprechen. Ich lehnte ab und tauchte unter.«

Saadis Bisexualität war ebenfalls Thema in einem Bulletin der amerikanischen Botschaft in Libyen, der 2009 durch Wiki-Leaks an die Öffentlichkeit geriet. Darin berichtet der Botschafter, Saadis sexuelle Neigung habe zu einem Streit zwischen Vater und Sohn geführt. Gaddafi arrangierte sofort die Hochzeit zwischen seinem Sohn und der Tochter eines hohen Regierungsmitglieds:

> Saadi hat eine schwierige Vergangenheit und ist in Europa (insbesondere Italien) öfter mit der Polizei in Konflikt geraten. Drogenmissbrauch, Alkohol, exzessive Partys, Auslandsreisen gegen den Wunsch des Vaters und Affären mit Männern und Frauen. Seine Bisexualität ist nach zuverlässigen Quellen ein großer Streitpunkt mit seinem Vater und zumindest teilweise die Ursache, seine Hochzeit mit Khweildi al-Hmeidis Tochter zu arrangieren. Es ist dem Regime sehr wichtig, den Anschein einer sinnvollen Tätigkeit von Gaddafis Söhnen zu erwecken.

Liebhaberinnen am laufenden Band

Womöglich schlägt Saadi auch nur nach seinem Vater. Es gab nämlich auch Gerüchte über Muammar al-Gaddafis angebliche Bisexualität. Sie wurden von keiner Geringeren als der philippinischen Diktatorengattin Imelda Marcos verbreitet. Die ehemalige Schönheitskönigin wurde zweimal nach Libyen geschickt, 1976 und 1977, weil Präsident Ferdinand Marcos Gaddafi verdächtigte, eine muslimische Untergrundgruppe auf den Philippinen mit Waffen zu unterstützen. Imelda sollte den Oberst davon überzeugen, sich aus ihren Angelegenheiten herauszuhalten. Als sie unverrichteter Dinge nach Hause kam, erzählte sie ihren Freunden, Gaddafi sei entweder schwul oder ein Mamasöhnchen.

Imelda ist das Paradebeispiel einer dekadenten, machtgeilen Diktatorenfrau. Sie war hauptsächlich für ihre Schönheit und ihre enorme Schuhsammlung bekannt, doch ihr Leben als First Lady war keineswegs leicht, denn sie musste stets um die Gunst ihres Mannes kämpfen, der ebenfalls ein notorischer Playboy war.

Imelda traf Ferdinand Marcos 1953. Er war begeistert von der früheren Miss-Philippinen-Kandidatin und begann sie zu hofieren. Er zeigte Imelda und zwei ihrer Freundinnen sein Bankschließfach, wo 1 Million Dollar in bar lagen. Kurz darauf heirateten die beiden.

Marcos hatte jedoch seit vier Jahren eine Geliebte namens Carmen Ortega, die bei ihm und seiner Mutter wohnte und von vielen bereits als »Frau Marcos« angeredet wurde. Ferdinand beschaffte ihr eine neue Wohnung und setzte die Beziehung fort. Seine Ehe mit Imelda galt allgemein als politische Ehe. Imelda stammte aus der Familie Romualdez, die großen Einfluss auf der Insel Visayan hatte. Die Heirat verschaffte Ferdinand, der im Senat zur Wahl antrat, viele Stimmen.

Nach einem Streit mit Carmen erlitt Imelda einen Zusammenbruch und wurde zur Behandlung nach New York geschickt. Sie musste sich entscheiden: Entweder sie würde ihren Mann verlassen oder das Beste aus der Situation machen. Sie entschloss sich für Letzteres.

Ferdinand Marcos wurde 1917 im Dorf Sarrat auf der Insel Luzon geboren. Seine Familie hat chinesische und japanische

Vorfahren; Marcos behauptete, er stamme von einem chinesischen Piraten aus dem 15. Jahrhundert ab – was vielleicht erklärt, warum er die philippinische Staatskasse für sich selbst plünderte. Sein Vater war Advokat und Politiker, er saß von 1925 bis 1931 in der Nationalversammlung. In seinen Fußspuren studierte Ferdinand Jura. 1946 wurden die Philippinen unabhängig, 1949 wurde Marcos ins Parlament gewählt. Nach einem heftigen Wahlkampf mit Drohungen, Stimmenkauf und Wahlbetrug wurde er 1965 zum Präsidenten gewählt. Marcos stellte sich selbst als Kriegsheld dar und behauptete, er habe ein 9000 Mann starkes Guerillaheer geführt.

Im Jahr 1968 erschien die Biografie *Rendezvous mit dem Schicksal*, in der Marcos seinen Einsatz als Guerillaführer gegen die Japaner beschreibt. Das Problem war nur, dass er in Wirklichkeit mit den Japanern kollaboriert hatte. Dem Buch zufolge bekam er mehrere Medaillen für seinen Einsatz, unter anderem die amerikanische »Medal of Honor«. Als er sie einmal verlegt hatte, bekam er eine neue von der amerikanischen Regierung. Marcos war nämlich ein wichtiger Alliierter des Westens im Kampf gegen den Kommunismus, da spielte eine Medaille mehr oder weniger keine Rolle.

Die Biografie war schon als Fernsehserie verfilmt worden, und Ferdinand wünschte sich einen echten Spielfilm. Im Buch hatte er eine amerikanisch-philippinische Geliebte namens Evelyn, die ihm das Leben rettet, indem sie sich zwischen ihn und eine Kugel wirft. Die junge amerikanische Schauspielerin Dovie Beams war an der Rolle der Evelyn interessiert, und kurze Zeit später wurde sie Marcos' Geliebte. Die Rolle gehörte ihr.

Ferdinand half Dovie mit einem Kassettenrekorder, ihren Dialog einzustudieren. Wenn sie die Proben unterbrachen und miteinander schliefen, ließ Dovie die Aufnahme laufen. Bald hatte sie eine beträchtliche Sammlung von Sexkassetten. Nebenbei stahl sie etliche Dokumente des Diktators aus dessen Palast. Auch Ferdinand wollte ein paar Erinnerungen an Dovie und machte mit einer Polaroidkamera Nacktbilder von ihr. Einmal bat er sie um eine Locke ihres Schamhaars. Die könne er bekommen, antwortete sie, wenn er ihr dasselbe gab.

Doch bald verlor der Diktator das Interesse an der Schauspielerin, und das Verhältnis ging in die Brüche. Dovie erfuhr, dass es doch keinen Film mit ihr geben würde, und reiste heim in die USA. Kurze Zeit später kehrte sie zurück, um Marcos zu erpressen. Sie bekam 10 000 Dollar, damit sie den Mund hielt, verlangte aber 150 000 Dollar. Das war Marcos zu viel. Die Geheimpolizei entführte und verprügelte Dovie. Sie nutzte einen Gang auf die Toilette zur Flucht und rief einen einflussreichen Freund in Los Angeles an, der den damaligen kalifornischen Gouverneur Ronald Reagan kannte.

Dovie begab sich unter falschem Namen in das Manila Medical Centre. Dort bekam sie Besuch vom amerikanischen Botschafter, der ein Angebot Imeldas überbrachte: 100 000 Dollar für ihr Schweigen. Aber Dovie fürchtete um ihr Leben. Sie arrangierte eine Pressekonferenz, auf der sie alles erzählte. Marcos nannte sie Fred, damit die Journalisten die Geschichte publizieren konnten, ohne gegen die Zensurgesetze zu verstoßen, die jede Kritik am Präsidenten verboten. Außerdem spielte sie eine ihrer Aufnahmen vor, in der Marcos beim Liebesakt ein Lied sang, das als sein Lieblingslied bekannt war.

Kopien der Aufnahme zirkulierten rasch in Manila, und ein Studentensender spielte eine Woche lang in Dauerschleife eine Sequenz, in der Marcos Dovie um Oralsex bat, bis Soldaten den Sender stürmten.

Amerikanische Diplomaten schafften die Schauspielerin außer Landes, aber bei einem Zwischenstopp in Hongkong verübte ein Unbekannter einen Mordanschlag auf sie. Britische Agenten retteten und versteckten sie. Der Film wurde entgegen Marcos' Ankündigung fertiggestellt, mit Dovie in der Rolle als Evelyn. Der englische Titel des Streifens hieß »Guerilla Strike Force«, aber außerhalb von Marcos' Heimat fand er kaum Beachtung.

Tierische Triebe

König Mswati III. von Swasiland gehört zur aussterbenden Spezies der absolutistischen Monarchen (wie gesagt kommt in Europa Fürst Hans Adam von Liechtenstein dieser Art am nächsten).

Wie es sich für einen König gehört, hat Mswati einen beachtlichen Harem. Zurzeit besteht er aus dreizehn Frauen, aber er wird regelmäßig erweitert. Doch dreizehn Frauen bedeuten auch eine dreizehnmal so hohe Wahrscheinlichkeit von Skandalen. Oder noch höher, da der König, egal wie potent er ist, kaum alle Ehepartnerinnen auf einmal zufriedenstellen kann.

Im Jahr 2010 wurde bekannt, dass seine zwölfte Frau Nothando Dube eine Affäre mit dem Finanzminister des Landes hatte. Die beiden wurden im Luxushotel Royal Villas auf frischer Tat ertappt. Dube hatte sich in einer Militäruniform verkleidet aus dem Palast geschlichen, aber die Agenten des Königs waren ihr gefolgt. Im Hotelzimmer fanden sie Finanzminister Mamba unter dem Bett.

Mamba wurde gefeuert, und Dube bekam Hausarrest. Die Mutter des Königs, bekannt unter dem Namen »Indlovukazi« (»Große Elefantin«), schickte der Tradition getreu eine Delegation in Mambas Heimatdorf, um die Anklage vorzutragen.

Im November 2011, nach über einem Jahr Hausarrest, verletzte sich eines von Dubes Kindern beim Spielen, und die Königin wollte es zu einem Arzt bringen. Als der Wächter sie aufhalten wollte, sprühte sie ihm Pfefferspray in die Augen. Dube wurde aus dem Schloss verstoßen. Sie ist nicht die Einzige, die die Polygamie des Königs satthatte. 2004 waren zwei weitere Frauen Mswatis in Untreueskandale verwickelt und mussten aus dem Land fliehen.

In Swasiland ist es Tradition, dass ein König viele Frauen und viele Kinder hat. Mswatis Vater, Sobhuza II., hatte 70 Frauen und über 200 Kinder. Mswati wurde 1968 geboren, vier Monate bevor Swasiland die Unabhängigkeit von Großbritannien erlangte.

Als Sobhuza 1982 starb, wurde der 14-jährige Mswati als sein Nachfolger bestimmt. Bis der Prinz 18 Jahre alt wurde, regierten abwechselnd zwei Witwen des alten Königs. 1986 wurde Mswati zum jüngsten Monarchen der Gegenwart. Da war er bereits mit seiner ersten Frau verheiratet.

Im Dezember 2011 kam das Gerücht auf, König Mswati nehme an bestialischen Ritualen teil. Jedes Jahr wird in Swasiland das traditionelle Incwala-Fest gefeiert. Der Name bedeutet so viel wie »Königszeremonie«. Das Fest beginnt Anfang Dezember und dauert bis Januar. Die Zeremonie markiert die Rückkehr des Königs ins öffentliche Leben nach einer Zeit der spirituellen Kontemplation und trägt zur Festigung seiner Macht bei.

Das Incwala-Fest war schon immer von Mystik und Geheimniskrämerei umgeben, doch nun hat sich ein Augenzeuge entschlossen, das Schweigen zu brechen. Sithembiso Simelane gehörte zehn Jahre lang dem königlichen Inyatsi-Regiment an und nahm regelmäßig am Incwala teil. Auf Facebook veröffentlichte er eine detaillierte Beschreibung dessen, was er dort sah. Unter anderem erzählt er, wie der König von einer magischen Schlange geistig gereinigt wird:

Jetzt, da der König sich zurückgezogen hat, wird er sich in Mantjolo aufhalten. Dort gibt es eine Geisterschlange, die als LaMlambo bekannt ist und dem Mnisi-Clan gehört. Diese Schlange wird ihn mehrere Tage lang am ganzen Körper ablecken. Dem Glauben zufolge reinigt sie ihn damit von allen Problemen, die er im Lauf des Jahres hatte, sodass er im nächsten Jahr als neuer und starker Mensch dasteht.

Die größte Überraschung an Simelanes Bericht ist, dass der König angeblich rituellen Sex mit einem Stier hat:

Als Nächstes wird ein Stier eingefangen und geschlachtet. Das Ritual besteht aus zwei Teilen. Der erste findet um drei Uhr nachmittags am Tag vor »Incwala lenkhulu« statt. Der König erwartet, dass die Jungen ihre Kraft beweisen, indem sie den Stier mit bloßen Händen töten. Sie springen auf den Stier, und jeder will ihn zuerst bei den Hörnern packen, um den König zu beeindrucken. Diese jungen Männer nähren die Hoffnung, an ihren Arbeitsstellen befördert zu werden, wenn der König ihren Mut bemerkt. Dies gilt besonders für Angehörige der Streitkräfte oder für Arbeitslose, die auf einen Job beim Militär oder der Polizei hoffen. Sie schlagen den Stier mit Fäusten, bis er so erschöpft ist, dass er sich kaum noch bewegen kann. Mswati meint, dieses Ritual symbolisiere sein Volk, das ständig gegen ihn aufbegehre. Nun aber gebe es auf, weil es von seinem Muti (ein magisches Präparat) verwirrt werde. Ist der Stier eingefangen, wird er nach Inhlambeloen geführt, wo Mswati ihn nackt erwartet. Die jungen Männer halten den Stier fest, während Mswati seinen königlich erigierten Penis in den Anus des Tieres steckt. Er kopuliert mit ihm, bis er kurz vor dem Orgasmus steht.

Ein Horn wird bereitgehalten, um seinen Samen aufzufangen (daher der Ehrentitel »Uchamela enkhomeni nakumuntfu« – übersetzt: »Der in Tiere und Menschen ejakuliert«). Das Sperma wird aufbewahrt, damit es jederzeit benutzt werden kann, wenn die Nation Sibaya oder einen anderen Nationalfeiertag zelebriert. Dann wird es den zeremoniellen Mahlzeiten beigemischt, damit das Volk seinen König so sehr verehren und fürchten kann, dass es niemals einen Aufstand wagen würde.

Vor einigen Jahren ereignete sich ein unschöner Vorfall, während der König mit dem Stier kopulierte. Das Tier wachte aus seiner Ohnmacht auf, und die Hölle brach los. Der Stier schob den König zur Seite, der um sein Leben schrie, bis wir das Tier wieder einfingen und ihm die Kehle durchschnitten.

Am nächsten Morgen wird ein weiterer Stier eingefangen. Er wird nicht geschlagen, sondern nur festgehalten, damit der König ein weiteres Mal Sodomie betreiben kann. (Derselbe Stier wird im Jahr darauf für den ersten Teil der Zeremonie benutzt.) Danach reinigt er sich mit Muti und hat vor aller Augen Sex mit zwei seiner Frauen: »In Indlunkhulu warten zwei seiner Frauen, LaMatsebula und LaMotsa, nackt auf ihn. Er schläft kurz mit beiden, ejakuliert aber in das Horn«, schreibt Simelane.

Das swasiländische Königshaus hat die Behauptungen nicht kommentiert, aber 2011, kurz nachdem das Gerücht sich verbreitet hatte, warnte der König vor »neidischen Menschen«, die Swasiland wirtschaftlichen Schaden zufügen wollten.

Die Freudenbrigade

Sie müssen es nicht gleich mit Tieren treiben, um ein guter Diktator zu werden. Mswatis abenteuerliches Sexleben zeigt jedoch, dass Ihrer Fantasie keine Grenzen gesetzt sind und Sie die wüstesten Triebe ausleben können, wenn Sie wollen. Sind Ihre Gelüste weniger exotisch, sollten Sie es wie Kim Jong-il und Kim Il-sung tun, die an mehreren Orten in Nordkorea Freudenhäuser einrichteten. Sogenannte »Freudenbrigaden« aus jungen Mädchen stellen dort die Elite auf verschiedene Weise zufrieden. Manche geben Massagen, andere singen und tanzen, doch die meisten sind wohl zur sexuellen Verlustierung der Funktionäre gedacht. Kim Myong-chul, ein früherer Leibwächter Jong-ils, behauptet, dass den Freudenbrigaden rund 2000 Frauen angehören.

Mi Hyang, der die Flucht gelungen ist, wurde mit 15 Jahren für eine solche Brigade zwangsrekrutiert. Ihr zufolge dürfen die »Auserwählten« keine einzige Narbe haben und müssen einen weichen Körper besitzen. Weil Jong-il klein ist, dürfen auch sie nicht größer als 1,65 Meter sein. Sie werden sechs Monate lang ausgebildet und müssen einen Eid mit ihrem eigenen Blut unterschreiben. »Als ich Kim Jong-il das erste Mal traf, sah er ganz normal aus, wie ein Mann von nebenan. Er hatte viele braune Flecken im Gesicht und gelbe Zähne. Aber er war mir gegenüber sehr rücksichtsvoll«, berichtete Mi Hyang.

Wie Sie sehen, bekommen die meisten Diktatoren ihre sexuellen Bedürfnisse erfüllt, wie pikant sie auch sein mögen. Eine ganze Nation steht bereit, um Ihre Träume zu erfüllen!

7. Wie man als Diktator schreibt

In jedem Diktator steckt ein Künstler, viele von ihnen haben Bücher geschrieben. Dass ein Staatsoberhaupt seine Memoiren oder politische Theorie verfasst, liegt nahe, doch Despoten haben auch eine belletristische Ader. Literarisches Talent ist geradezu eine Voraussetzung, um sich als Alleinherrscher zu behaupten. Seien Sie kreativ und vielseitig! Verglichen mit normal sterblichen Autoren, haben Sie einen großen Vorteil: Sie müssen Ihr Buch nicht von Verlag zu Verlag schicken und demütigende Antworten auf sich nehmen. Niemand wird es wagen, das Werk abzuweisen; und falls doch, richten Sie einfach eine staatliche Druckerei ein. Wie wir sehen werden, sind Sie auch bei der Vermarktung Ihres Werkes im Vorteil.

Etliche Diktatoren haben ihre Bücher zum wichtigen Teil ihres Personenkults gemacht. Sorgen Sie dafür, dass so viele Ihrer Untertanen wie möglich Ihre ideologischen Gedanken lesen. Machen Sie es einfach wie Saparmyrat Nyýazow oder Muammar al-Gaddafi, und setzen Sie Ihr Werk auf den Lehrplan aller Schulen.

Gaddafi gehörte zu den Kollegen, die sich erfolgreich in der Belletristik versuchten. Alle Aspiranten seines Berufs sollten die Sammlung von Kurzgeschichten und Essays lesen, die in Libyen unter dem Titel *Flucht in die Hölle* erschien. Gaddafi spickt seine Geschichten mit tiefen philosophischen Einsichten und politischen Gedanken. Unter anderem romantisiert er die traditionelle libysche Gesellschaft als Gegensatz zur modernen. Die ersten zwei Geschichten schildern das Stadtleben als stressig und einsam: »Das Leben in der Stadt ist eine schlangenartige, rein biologische Existenz. Die Menschen dort leben und sterben sinnlos [...] ohne klare Visionen und Einsichten.« Der Diktator kehrt seine umweltfreundliche Seite hervor und beklagt, dass die Städte fruchtbaren Boden verschlingen und Rauch und Verschmutzung ausspeien. Auch urbane sportliche Betätigung verabscheut er: »Die Stadt ist hart zu ihren Einwohnern, sie zwingt ihnen lächerliche Dinge auf. Tausende amüsieren sich bei Hahnenkämpfen, ganz zu schweigen von den Millionen, die 22 Idioten bewundern, weil sie einem Ledersack von der Größe einer Melone hinterherrennen.«

Das Landleben hingegen beschreibt Gaddafi als einfach und friedlich. Dort stehle keiner. »Verlasst die Stadt und zieht aufs Land. Dort werdet ihr zum ersten Mal im Leben den Mond sehen. [...] Ihr werdet euch von Schlangen und Ratten, die von jeglicher Freundschaft und sozialer Bindung ausgeschlossen sind, zu echten Menschen wandeln.«

Ein Höhepunkt der Anthologie ist die Erzählung »Selbstmord eines Astronauten«. Ein armer Raumfahrer versucht vergeblich, Arbeit auf der Erde zu finden, nachdem die Großmächte aus Geldnot ihre Raumfahrtprogramme gestrichen haben. Doch seine astronomischen Kenntnisse helfen ihm wenig bei landwirtschaftlicher Arbeit. »Nachdem er die Suche nach einer Arbeit aufgegeben hatte, mit der er sein Brot auf der Erde hätte verdienen können, beging der Astronaut Selbstmord.« Selten wurde ein dramatisches Ende so nüchtern beschrieben.

Natürlich hat Gaddafi auch seine politischen Gedanken zu Papier gebracht. Sein Hauptwerk ist *Das grüne Buch*, dessen drei Kapitel folgende Überschriften tragen: »Die Lösung des Demokratieproblems«, »Die Lösung des wirtschaftlichen Problems« und »Die soziale Grundlage der Dritten Universaltheorie«.

Man sollte meinen, die Lösung des Demokratieproblems sei eine Diktatur. Nicht jedoch bei Gaddafi, denn für ihn ist die westliche repräsentative Demokratie die wahre Diktatur. »Die politische Partei ist eine moderne Form der Diktatur«, schreibt er. Eine Partei repräsentiere nur ihre Mitglieder und kämpfe für ihre eigenen Interessen. In einer echten Demokratie sollen keine Parteien regieren. Gaddafis Lösung ist die »Dritte Universaltheorie«, die auf Familien- und Stammesverbänden aufbaut. Ihr zufolge treten Volksräte (Lokalversammlungen der gesamten Bevölkerung) und übergeordnete Regionalräte an die Stelle gewählter Parlamentarier. Repräsentanten beider Gremien versammeln sich im sogenannten Generalvolkskongress, der eigentlichen Regierung. Deren Beschlüsse müssen – theoretisch – wiederum von den Volksräten anerkannt werden.

Offenbar ist dies etwas ganz anderes als ein gesetzgebendes Parlament. Laut Gaddafi ist jedes Gesetz, das von einer Versammlung, einem Komitee oder einem Individuum erlassen wird, undemokratisch. Er erkennt nur »natürliche Gesetze« an: »Natürliche Gesetzgebung hat in jeder Gesellschaft ihre Wurzeln in Tradition oder Religion, und jeder Versuch, Gesetze aus anderen Quellen zu schöpfen, ist unlogisch und ungültig.« Fast könnte man einwenden, dass Gaddafis Theorien ihn selbst als Diktator ausschlössen, aber zum Glück lässt *Das grüne Buch* Spielraum für einen starken Mann an der Spitze: »Theoretisch ist dies echte Demokratie, aber in Wirklichkeit regieren immer die Stärksten. Folglich sind die Stärksten in einer Gesellschaft auch die Herrscher in der Regierung.« Touché!

Die Lösung des wirtschaftlichen Problems ist einfacher. Lohnarbeit macht Arbeiter zu Sklaven. Deshalb muss man den Lohn durch Anteile an der Produktion ersetzen. »Die soziale Grundlage der Dritten Universaltheorie« ist der Familienverband, der Grundbaustein der Nation. »Eine Gesellschaft, in der die Familie blüht und das Individuum in ihrem Schoß aufwächst, ist eine starke Gesellschaft«, schreibt Gaddafi. Das Geheimnis einer starken Familie liege hauptsächlich darin, dass die Frauen zu Hause bleiben und Kinder großziehen.

Gaddafi hatte auch eine interessante Theorie über den Sport. Für ihn war es nicht akzeptabel, wenn Volksmassen dem Wettbewerb einer kleinen Gruppe Athleten zuschauen. »Sport ist dasselbe wie Beten oder Essen. [...] Es wäre idiotisch, in ein Restaurant zu gehen, um anderen beim Essen zuzuschauen.« Gut gesagt. Wie der selige Diktator betonte, ist die aktive Teilnahme am wichtigsten: »Eines Tages wird man die Tribünen abreißen, und die Massen werden in die Stadien marschieren, um gemeinsam Sport zu treiben. Sie werden verstehen, dass Sport eine Aktivität zum Teilnehmen ist und nicht zum Zuschauen.«

Eine weitere soziale Grundlage der Dritten Universaltheorie ist die Bildung. In diesem Punkt zeigt sich Gaddafi ziemlich liberal. Eine Gesellschaft müsse alle Arten der Ausbildung bieten, schreibt er, und jeder müsse sein Wunschfach wählen dürfen. »Einen Menschen zu zwingen, ein bestimmtes Pensum zu lernen, ist diktatorisch.« Dass der libysche Revolutionsführer sein eigenes Werk obligatorisch auf den Lehrplan aller Schulen setzte, zeigt nur, dass er ein kaum zu übertreffender Pragmatiker war.

Das Buch der Seele

Das grüne Buch hat Gaddafi nicht lange überlebt, jedenfalls nicht auf dem Lehrplan libyscher Schüler. Somit teilt es ein ähnliches Schicksal wie Saparmyrat Nyýazows *Ruhnama* (»Das Buch der Seele«). Unter der Herrschaft des Turkmenbaschi wurde es vom Kindergarten bis zur Universität durchgekaut. Fast alle Examen enthielten Fragen über das *Ruhnama*, und alle Turkmenen konnten lange Passagen daraus auswendig. Wer im öffentlichen Dienst arbeiten oder Beamter werden wollte, musste sein *Ruhnama* kennen, sogar bei der Führerscheinprüfung war mit entsprechenden Fragen zu rechnen. Leider wurde das Meisterwerk des Vaters aller Turkmenen 2013 aus dem Lehrplan genommen.

Im Jahr 2004 war dies noch umgekehrt. Weil das *Ruhnama* ein so wichtiger Teil des turkmenischen Bildungssystems geworden war, verkündeten die Behörden, dass sie »eine Reihe weniger wichtige Fächer, Ausbildungszweige und wissenschaftliche Richtungen« gestrichen hatten. Stattdessen sollten die Schulen mehr Gewicht auf die »Wiederbelebung lokaler Traditionen« legen und die Schüler auffordern, zu »natürlichen, spirituellen Werten« zurückzukehren.

Der erste Band des *Ruhnama* erschien 2001 und ist eine Mischung aus Autobiografie, Geschichte, Politik, Philosophie und Religion. 2004 erschien der zweite Band, der tiefer gehende moralphilosophische Analysen enthält sowie Ermahnungen, wie sich ein guter Turkmene aufzuführen hat. Das *Ruhnama* war ein wichtiger Bestandteil des Personenkultes um den Turkmenbaschi. Ferner trug seine romantische Darstellung turkmenischer Geschichte erheblich zum Aufbau einer nationalen Identität bei. Das Buch beginnt mit einem heiligen Eid, den alle Turkmenen auswendig lernen mussten:

Turkmenistan, meine Mutter, mein geliebtes Heimat-
land!
Du bist stets mit mir, in Gedanken und im Herzen!
Wenn ich dir je schlecht täte, gäb ich zur Strafe meine
Hand!
Für ein schlechtes Wort über dich gäb ich meine Zunge!
Wenn ich mein Mutterland und unsere heilige Flagge
verriete
Und den großen Turkmenbaschi, soll mein Atem still-
stehen!

Im ersten Kapitel führt Nyýazow den Ursprung des turkmenischen Volkes auf den Propheten Noah zurück. Noah gab seinem Sohn Japhet und dessen Nachkommen das Land Turkmenistan, und Gott stattete die Turkmenen mit großer spiritueller
Kraft und besonderem Mut aus. Die nächsten Kapitel erzählen
die Geschichte des Landes, das bis dahin von den meisten His-
torikern missachtet wurde. Höhepunkt ist natürlich der turkmenische Nationalstaat unter der Führung des Turkmenbaschi.

Das *Ruhnama* erschien in einem September, und prompt
wurde der Monat nach dem Buch umbenannt. In der Landes-
hauptstadt Aschgabat ließ der Turkmenbaschi eine große
Skulptur des Buches errichten. Jeden Abend um acht Uhr öffnete sich der riesige Umschlag, und Auszüge aus dem Text
wurden über Lautsprecher verbreitet. Welchem anderen Buch
wird eine solche Ehre zuteil?

Doch damit gab der Turkmenbaschi sich nicht zufrieden. Er
wollte seine Botschaft über die ganze Welt verbreiten. Deshalb
musste jede ausländische Firma, die in Turkmenistan Geschäfte betreiben wollte, zuerst eine Übersetzung des *Ruhnama* besorgen. Auf diese Weise wurde es in insgesamt 41 Sprachen

übertragen, finanziert von multinationalen Unternehmen wie Siemens, DaimlerChrysler, Caterpillar oder John Deere. Aber Nyýazow wünschte sich ein noch größeres Publikum. Im August 2005 schickte er sein Buch mit einer russischen Rakete auf die Erdumlaufbahn. »Das Buch, das Millionen Herzen auf Erden erobert hat, erobert nun auch den Weltraum«, schrieb die staatliche Presse. Es ist nicht bekannt, ob Außerirdische bereits von Nyýazows Weisheit profitieren. Gemeinsam mit dem Buch gingen die turkmenische Flagge und ein Bild der fünfköpfigen Schlange (das Symbol des Präsidenten) auf Weltraumreise.

Übrigens hat sich der Turkmenbaschi auch als preisgekrönter Poet erwiesen. 2003 gewann er den Internationalen Magtymguly-Preis, eine Auszeichnung zu Ehren des turkmenischen Nationaldichters Magtymguly. Sie wird an Schriftsteller verliehen, die wesentlich zur Schaffung eines turkmenischen Nationalstaates beitragen.

Saparmyrat Nyýazow starb 2006, doch auch sein Nachfolger Gurbanguly Berdimuhamedow übt sich in der Kunst des Schreibens. Seine Bücher über Pflanzenheilkunde und edle Pferde tragen auf andere Weise zum Nationalbewusstsein seiner Untertanen bei, denn beide Themen sind wichtige Elemente der turkmenischen Kultur. Nachdem das *Ruhnama* aus den Lehrplänen gestrichen worden ist, soll es durch ein neues Buch des aktuellen Präsidenten ersetzt werden. Es wird den Titel *Turkmennama* (»Buch der Turkmenen«) oder *Adamnama* (»Buch der Menschheit«) tragen.

Saddams Metaphern

Tyrann und Romancier in einer Person – dafür gibt es ein modernes Paradebeispiel, nämlich Saddam Hussein. In den letzten Jahren seiner Regierungszeit schrieb er ganze vier Romane. Das literarische Talent lag ihm offenbar im Blut, denn sein Onkel Khairallah Talfah, ein früherer Bürgermeister Bagdads, war Autor der denkwürdigen Propagandaschrift *Gottes irrtümliche Geschöpfe: Perser, Juden und Fliegen.* Sie war ein Bestseller im Irak, besonders weil die Regierung anordnete, dass jede der 20 000 Schulen im Land mindestens fünfzig Exemplare davon kaufen musste. Außer für seine Autorschaft war Talfah vor allem für seine Käuflichkeit bekannt. Er war so korrupt, dass sogar Saddam ihn als Bürgermeister absetzen musste – keine schlechte Leistung in einem durch und durch korrupten Staat.

Saddams erster und bekanntester Roman erschien 2000 und heißt *Zabibah und der König.* Er spielt im Mittelalter und erzählt die Geschichte eines irakischen Königs, der sich wegen ihrer Weisheit in die Bauersfrau Zabibah verliebt. Zabibah ist mit einem unsympathischen Grobian verheiratet. Auf dem Heimweg vom Königshof wird sie von einem Unbekannten vergewaltigt, der sich als ihr Mann herausstellt. Der König nimmt Rache und zieht gegen den Ehemann und seine Kumpane zu Felde. Sowohl er als auch Zabibah verlieren dabei ihr Leben.

Saddam macht unmissverständlich klar, dass Zabibah eine Metapher für das irakische Volk ist. Der böse Ehemann steht selbstverständlich für die USA, und Saddam ist der König. Zabibah wird am 17. Januar geschändet, dem Tag, an dem der zweite Golfkrieg begann. Doch im Gegensatz zur Wirklichkeit wird das symbolische amerikanische Heer in dem Roman besiegt.

Das Buch wurde unmittelbar zum Bestseller, landesweit gingen über 1 Million Exemplare über die Ladentische. Alsbald entstand aus dem Stoff eine Fernsehserie mit zwanzig Folgen sowie ein Musical. Die Popularität erklärt sich zum einen durch den Preis – ein Exemplar kostete umgerechnet circa 50 Cent –, zum anderen ist es in einer Diktatur immer ratsam, die Werke des Diktators zu lesen.

Ob Saddam wirklich der Autor war, ist nicht mehr mit Sicherheit festzustellen. Böse Zungen verbreiteten Gerüchte über einen Ghostwriter, der nach Vollendung des Werkes vergiftet wurde, doch der Stil erinnert eher an Groschenromane und legt nahe, dass kein Profi die Feder geführt hat. Außerdem schrieb Saddam noch im Gefängnis an einem weiteren Roman, demnach waren zumindest seine Ambitionen echt.

Nach dem großen Erfolg kam *Die uneinnehmbare Festung*, das von einem ehemaligen Soldaten handelt, der sich in eine Kurdin verliebt. Saddams dritter Roman, *Menschen und Stadt*, dreht sich um die Anfänge von Saddams Baath-Partei. Unter den Protagonisten sind mehrere Verwandte Husseins. *Hinaus mit dir! Du bist verflucht!* erschien 2003, kurz vor der amerikanischen Invasion des Iraks. Hauptfigur ist ein Araber, der gegen zwei feindliche Stämme kämpft – die natürlich für Amerikaner und Juden stehen. Kurz vor dem Fall Bagdads wurden noch 40 000 Exemplare gedruckt.

Im Gefängnis schrieb der Diktator an einem Roman mit dem Arbeitstitel *Das große Erwachen*, es ist jedoch nicht bekannt, ob er vor seiner Hinrichtung damit fertig wurde. Auch Gedichte schrieb er in seiner Zelle. Die internationale Onlineausgabe des *Spiegels* veröffentlichte Auszüge aus seinen wahrscheinlich letzten Versen:

Binde deine Seele los.
Du bist die Geliebte meiner Seele.
Kein Haus hätte mein Herz beschützt
So, wie du es getan hast [...]
Die Feinde zwangen Fremde auf unser Meer,
Wer ihnen dient, wird bittere Tränen weinen.
Wir entblößen die Brust vor den Wölfen
Und werden nicht vor dem Untier erzittern [...]
Ich opfere meine Seele für dich und für unsere Nation.
Blut ist billig in harten Zeiten.

Autoritäre Filmtheorie

Im Club der literarischen Despoten darf Kim Il-sung nicht fehlen. Zu den Höhepunkten seines Schaffens gehört die Revolutionsoper »Meer aus Blut«, die vom Widerstand gegen die japanischen Besatzer handelt und am heiligen Berg Paektusan spielt.

In Pjöngjang wird das dramatische Tonstück mehrmals pro Woche aufgeführt. Außerdem wurde aus dem Stoff ein dreieinhalb Stunden langer Spielfilm gedreht, bei dem der Sohn und Nachfolger des autokratischen Librettisten, Kim Jong-il, Regie führte. Er war für seine Filmleidenschaft bekannt und besaß ein hochmodernes privates Kino.

Wie bereits sein Vater produzierte Kim Jong-il eine beeindruckende Menge politischer Literatur, doch weitaus interessanter sind die kunsttheoretischen Werke *Über die Filmkunst* und *Über die Opernkunst*. Beide sind detaillierte Einführungen in die darstellende Kunst der koreanischen Revolution. Über die Oper schreibt er: »Die Zeit der feudalen Kaiser, Aristokraten und Millionäre in der Oper ist vorbei. Ein moderner Opern-

oder Romanheld muss unabhängig und kreativ sein. Er muss als Meister der Revolution und des Aufbaus leben und arbeiten.«

Keine Kunst ohne Politik, schon gar nicht im nordkoreanischen Film, und dennoch ein Hauch von Bollywood: »Ein Film ohne Musik und Gesang ist nicht komplett«, schreibt Kim. »Politische Vision bedeutet, alles mit den Augen der Partei zu sehen und die Dinge aus einem revolutionären Blickwinkel zu betrachten.«

Der Filmdiktator träumte von einer nordkoreanischen Godzilla-Version. Leider waren gute Regisseure in der demokratischen Volksrepublik Mangelware, weshalb er dem Geheimdienst befahl, den südkoreanischen Regisseur Shin Sang-ok zu kidnappen. Im Januar 1978 wurde Shins Exfrau Choi Eunhee nach Hongkong gelockt und von dort nach Nordkorea entführt. Kein Geringerer als Jong-il persönlich erwartete sie bei der Ankunft. Der Filmfan zeigte eine gute Portion Selbstironie. Er begrüßte Choi mit den Worten: »Finden Sie nicht auch, dass ich wie ein beschissener Zwerg aussehe?« Choi wurde in einer luxuriösen Villa untergebracht, und Jong-il lud sie regelmäßig zu Festen ein.

Als Shin nach Hongkong reiste, um der Sache nachzugehen, wurde auch er nach Nordkorea verschleppt. Nach mehreren Jahren im Straflager stimmte er zu, Filme für Kim Jong-il zu machen. Der große Filmfan führte ihn zu seiner Exfrau und schlug vor, sie sollten in Nordkorea erneut heiraten. So geschah es, und in der Folgezeit drehte Shin sieben Spielfilme für das Regime – unter anderem den lang ersehnten volksdemokratischen »Godzilla«, der auf Koreanisch »Pulgasari« hieß. Er basiert auf einer koreanischen Legende: Ein böser König lässt einen Schmied in den Kerker werfen. Kurz bevor der Schmied verhungert, formt er eine Puppe aus Reis, die sich in ein riesiges, Metall fressendes Monster verwandelt, wenn sie mit Blut in Kontakt kommt. Shin und Choi flohen 1986 während eines Filmfestivals in Wien. Sie bekamen Asyl in den USA, wo Shin weiter Filme drehte.

Autoritäre Verkaufstricks

Wie erwähnt haben Sie als schreibender Diktator eine große Chance, Ihre Bücher zu Bestsellern zu machen. Setzen Sie die Werke einfach auf den Lehrplan der Schulen und Universitäten wie einst Gaddafi oder der Turkmenbaschi. Oder nehmen Sie sich ein Vorbild an Mao Zedong. Die *Worte des Vorsitzenden Mao Zedong*, besser bekannt als »Das kleine rote Buch« oder »Mao-Bibel«, ist eines der meistverkauften Bücher der Weltgeschichte. Der Grund liegt nicht zuletzt darin, dass seinerzeit jeder Chinese ein Exemplar bei sich tragen musste. So konnten die Chinesen in allen Lebenslagen den Rat ihres weisen Vorsitzenden einholen, aber vor allem vermieden sie es, wegen »Ratlosigkeit« verhaftet zu werden. Doch auch außerhalb des Reichs der Mitte wurde das »Kleine Rote« ein Bestseller, besonders unter jungen westlichen Radikalen, die der »glücklichen, progressiven Diktatur« Chinas nacheiferten.

Es ist nicht genau festzustellen, wie oft die Mao-Bibel verkauft wurde, aber die Anzahl nähert sich der Milliardengrenze. Dabei wurden die meisten Exemplare verschenkt. Die weltweite Auflage beträgt über 6 Milliarden, womit Mao in harter Konkurrenz zur Bibel steht. Auch die meisten seiner anderen Werke wurden Bestseller. Dem Historiker Zhengyuan Fu zufolge wurden in den 1820 staatlichen Druckereien Chinas von 1966 bis 1976 6,5 Milliarden »Kleine Rote«, 840 Millionen Exemplare von Maos ausgewählten Werken in vier Bänden,

400 Millionen seiner Gedichtbände und 2,2 Milliarden Plakate mit seinem Konterfei gedruckt. Unter diesem Aspekt wirkt es drollig, dass Mao auch eine Schrift mit dem Titel *Kampf dem Bücherkult* verfasste.

François »Papa Doc« Duvalier war neidisch auf Maos Erfolg als politischer Vordenker. Um sich nicht nur als Schreckensherrscher, sondern auch als Autor und Ideologe zu markieren, ließ er 1967 den ersten (und letzten) Band seiner *Essenziellen Werke* drucken. Das Buch sollte ein haitianisches »Kleines Rotes« werden, doch der Verkaufserfolg blieb aus. Duvalier wusste sich zu helfen: Er gab allen öffentlichen Angestellten ein Exemplar und zog den Preis dafür von ihrem Lohn ab.

8. Wie man Stil beweist

Die meisten demokratischen Staatschefs wollen eine gute Figur machen und tragen entsprechende Kleidung. Sie halten sich an die internationalen Dresscodes für Konferenzen, Galadiners, Feiertage und andere offizielle Anlässe, an denen auch Sie kraft Ihres Amtes teilnehmen werden. Mit anderen Worten: Durchschnittspolitiker kleiden sich stinklangweilig und sind oft nur an ihren Krawatten zu unterscheiden.

Als Diktator dagegen haben Sie unendlich mehr Freiheit. Ein Blick auf die Garderobe berühmter Despoten der letzten fünfzig Jahre offenbart eine Fantasie, die sich mit der verwegensten Couture aus Paris oder Mailand messen kann. Ein Politiker, der von seinen Wählern zur Verantwortung gezogen werden könnte, verstößt ungern gegen Konventionen. Sie dagegen dürfen tragen, was Sie wollen, ohne am nächsten Tag Sticheleien in der Presse zu befürchten. Absolute Macht hat ihren eigenen Stil und ihre eigene Ästhetik. Sie schafft Selbstsicherheit und lässt Experimente zu.

Je länger ein Diktator an der Macht ist, desto exzentrischer wird in der Regel sein Stil. Schauen Sie sich die Laufbahn Muammar al-Gaddafis an. Der libysche Revolutionsführer war schon immer eitel, aber zu Beginn seiner Karriere trat er hauptsächlich in frisch gebügelten Uniformen auf. Im Lauf der Jahre erweiterte er seine Garderobe mit smarten Designeranzügen, wehenden Beduinengewändern und anderen Kostümen, in denen ein westlicher Kollege mit geringerem Selbstbewusstsein nie ungeschoren davonkommen würde. Sein Beispiel machte Schule in Afrika. Selbst Robert Mugabe, der jahrelang nur langweilige anonyme Anzüge trug, ist in den letzten Jahren häufig in farbenfrohen Hemden aufgetreten.

Trotz erheblicher individueller Unterschiede gibt es ein paar allgemeingültige Tendenzen in der Diktatorenmode. Die meisten Despoten der Gegenwart lassen sich in eine oder mehrere der folgenden fünf Stilrichtungen einordnen:

1. *Der Klassiker:* Das klassische Habit eines Diktators ist eine steife Offiziersuniform mit haarscharfen Bügelfalten in der Hose, Rangabzeichen an der Schulter und einer mit Orden gepflasterten Brust. Dieser Aufzug ist in aller Welt populär, wird jedoch hauptsächlich mit lateinamerikanischen Diktatoren wie Augusto Pinochet (Chile) oder Fulgencio Batista (Kuba) verbunden.

   Die meisten so gekleideten Despoten kommen aus dem Militär und sind durch einen Militärputsch an die Macht gekommen. Eine Uniform strahlt Autorität und Strenge aus. Aufrührern flößt sie Angst ein, und potenziellen Putschisten signalisiert sie: *Ich* habe hier das Kommando über die Streitkräfte.

2. *Der Revoluzzer:* Diesem Typ ist eine Gardeuniform zu steif. Wer aus einer Revolution als Diktator hervorgeht, wählt eher die knautschige Variante. Sie ist die Antwort der Despoten auf den James-Dean-Look und eine Hommage an Che Guevara. Der Revoluzzer zieht eine zerknitterte Uniform mit offener Jacke vor und zeigt Brusthaare. Er lässt den Guerillero heraushängen, der er einmal war.

Der Stil ist aus praktischen Gründen entstanden, da die wenigsten Dschungel-Guerillas ein Bügeleisen zur Verfügung hatten. Außerdem hat er den Vorteil, dass er junge Revolutionärinnen anzieht und zudem noch bequem ist. Wer sich als Rebell verkleidet, strahlt Jugend und Lässigkeit aus. Fidel Castro war ein Vorreiter dieser Moderichtung, die sich bis nach Afrika verbreitete. Dort kultivierte Thomas Sankara, 1983 bis 1987 Präsident von Burkina Faso, den Look so weit, dass man ihn den »afrikanischen Che Guevara« nannte. Sankaras lässiger Chic war gewollt. Der eitle Revolutionär ließ seine Uniformen maßschneidern und trug gerne eine Pistole mit einem Griff aus Perlmutt dazu.

3. *Der Pfau:* Diktatoren lieben Tand. Sie mögen goldene Statuen, große Autos, diamantbesetzte Uhren und ein pompöses Interieur. Kein Wunder, dass etlichen von ihnen eine nüchterne Uniform nicht ausreicht. Sie wollen Quasten, glänzende Medaillen, Goldbänder, bunte Federn und prächtige Kopfbedeckungen. Despoten haben einen natürlichen Hang zu glitzernden Objekten aller Art, wodurch sie den Sinn für guten Geschmack oft über Bord werfen. Viele beginnen mit der klassischen Uniform und fügen von Jahr zu Jahr mehr Zierrat hinzu, bis ihr Auftreten eher exzentrisch zu nennen ist. So kommt es, dass manche Despoten aussehen, als kämen sie direkt von der Christopher-Street-Day-Parade in San Francisco, zum Beispiel Sultan Hassanal Bolkiah von Brunei, Kaiser Bokassa von Zentralafrika oder Alfredo Stroessner aus Paraguay.

4. *Der Ethnische:* Andere wiederum drücken durch ihre Garderobe Nationalstolz aus, entweder in echter Landestracht oder in modernen Neuschöpfungen, die auf lokalen Traditionen aufbauen. Mswati III. von Swasiland ist ein gutes Beispiel für einen Diktator, der sowohl in traditionellen Gewän-

dern als auch in Maßanzügen auftritt. Wenn er sich ethnisch kleidet, lässt er sich nicht lumpen: edle Batikstoffe, exotische Pelze, bunter Schmuck inklusive Federkopfschmuck. Auch einige Diktatoren im Mittleren Osten wie König Abdullah von Saudi-Arabien ziehen traditionelle Kleidung vor. Dort erfüllt die Tracht auch eine praktische Funktion, denn ein knöchellanges Gewand und Kopftuch schützen vor der Hitze des Wüstenklimas.

5. *Der Langweilige:* Die Militäruniform hat in den letzten Jahren an Popularität verloren. Heutzutage fehlt vielen Diktatoren der militärische Hintergrund, besonders in den früheren Sowjetrepubliken, weshalb eine Uniform unglaubwürdig wäre. Außerdem hat der westliche Dresscode mit Anzug und Schlips andere Moden weitgehend aus internationalen Foren verdrängt.

Aus diesem Grund versuchen heute viele Diktatoren, wie normale Politiker auszusehen. Sie tragen dunkelgraue Anzüge, weiße Hemden und einfarbige Krawatten, als wären sie irgendein gewählter Präsident oder Premierminister. Auf den Konferenzen der UN sind sie kaum von demokratischen Langweilern wie Jens Stoltenberg oder Barack Obama zu unterscheiden. Usbekistans Despot Islam Karimow oder »Europas letzter Diktator« Alexander Lukaschenko sind typische Anhänger dieser Stilrichtung, ebenso die chinesischen Staatschefs, die seit Mao Zedong nichts mehr zur internationalen Diktatorenmode beigetragen haben.

Manche Gewaltherrscher haben einen eklektischen Stil, der sich jeder Klassifizierung entzieht, zum Beispiel Gaddafi. Er war stets wohlgekleidet, experimentierte jedoch mit einer wilden Kombination verschiedener Stile. Vom Beduinenhäuptling bis zum Miami-Vice-Stil, alles schien ihm zu stehen. Die ukrainische Krankenpflegerin Oxana Balinskaja, die für Gaddafi arbeitete, berichtete, dass er sich mehrmals täglich umzog. »Seine Obsession mit Klamotten erinnerte mich an einen Rockstar. Manchmal, wenn die Gäste schon warteten, ging er in sein Zimmer zurück und zog sich erneut um«, sagte sie 2011 in einem Interview mit der *Newsweek*.

Andere Diktatoren sind so eigenwillig, dass sie in keine Schublade passen, zum Beispiel Kim Jong-il. Er lief meistens in einer einfachen grauen Synthese aus Uniform und Trainingsanzug herum. Wenn es kalt war, zog er einen schlichten Anorak darüber. Seine Kleiderwahl hatte Symbolcharakter, denn in den ersten Jahren seiner Regierung erlebte Nordkorea mehrere Hungersnöte. Durch die einfache Kleidung zeigte er Solidarität.

Jong-ils spartanischer Stil hat sogar eine internationale Modewelle ausgelöst. 2010 rief ihn die nordkoreanische Zeitung *Rodung* zum weltweiten Trendsetter aus. Ein anonymer französischer Modeschöpfer bekräftigte: »Kim Jong-ils Look, der sich über die ganze Welt verbreitet, ist einmalig in der Weltgeschichte.«

Ein guter Diktator kümmert sich auch um die Mode seiner Untertanen, indem er sinnvolle Vorschriften erlässt. Dass die verordnete Kleidung zur Staatsideologie gehört oder den Personenkult stärkt, ist ein angenehmer Nebeneffekt. Thomas Sankara ist nicht der einzige Diktator, der versucht hat, die Landestracht zu vereinheitlichen. Alle öffentlichen Angestellten mussten traditionelle Kleidung aus lokaler Baumwolle tragen, die auch in Burkina Faso genäht wurde.

Besser bekannt ist der Mao-Look. In China heißt er »Zongshan« und war ursprünglich von japanischen Uniformen inspiriert. Die Volksbefreiungsarmee und Mitglieder der kommunistischen Partei trugen ihn und natürlich auch Mao Zedong selbst.

Die Uniform ist ein perfekter Ausdruck des Maoismus. Sie ist praktisch, einfach geschnitten und aus solider, preiswerter Baumwolle. Es gibt sie in Blau und Grün, sie besteht aus einer bequemen Hose und einer Jacke mit vier Außentaschen. Kombiniert mit der eleganten Mao-Mütze, einer Schirmmütze mit einem kleinen roten Stern auf der Vorderseite, passt sie zu allen Anlässen, zur Arbeit wie zu Festlichkeiten. Sie symbolisiert Gleichheit und Bodenständigkeit, und was noch praktischer ist: Sie kleidet Mann und Frau. Während der Kulturrevolution trug fast die gesamte männliche Bevölkerung Chinas den Mao-Dress. Erst in den Neunzigerjahren ging die chinesische Führung allmählich zu dem langweiligen und weit unpraktischeren Businessanzug über.

Alle kommunistischen Diktaturen kopierten den Mao-Look. Pol Pot, der Anführer der Roten Khmer, verordnete den Kambodschanern eine ähnliche Tracht (oder eine Tracht Prügel, wenn sie etwas anderes trugen), und Nordkoreas erster Herrscher Kim Il-sung tat es ihm gleich.

Selbst Mobutu Sese Seko ließ sich von Mao inspirieren, als er eine Nationaltracht für das kongolesische Volk entwarf. Bei der »Zairisierung« der Gesellschaft in den Siebzigerjahren brauchte er ein passendes Kleidungsstück, um den westlich-imperialistischen Stil zu ersetzen. Der Kongo hieß fortan Zaire, und Anzüge mit Hemd und Schlips waren streng verboten. Mobutus an Mao angelehnte Neuschöpfung trug den genialen Namen »Abacost«, eine Abkürzung für das französische à bas les costumes! (»Nieder mit den Anzügen!«). In einem multiethnischen Land wie dem Kongo wäre es schwierig gewesen, eine gemeinsame ethnische Tracht zu finden, weshalb der Abacost Mobutus Zweck besser erfüllte. Als gewissermaßen

ethnisches Markenzeichen trug Mobutu stets eine Leoparden-
fellmütze zum Abacost – und eine dicke Buddy-Holly-Brille.

Architektonische Meisterwerke

Nicht nur durch ihre Kleidung unterscheiden sich Diktatoren
von gewöhnlichen Staatsoberhäuptern. Auch die Architektur
autoritär regierter Länder weist viele Gemeinsamkeiten auf.
Besonders fällt auf, wie sehr Größe als solche zählt. Natürlich
sind auch die Einwohner New Yorks stolz auf ihre Wolkenkratzer, doch wurde in Manhattan vor allem aus Platzmangel in
die Höhe gebaut. Ein Diktator baut Wolkenkratzer, weil er es
kann, nicht, weil er es muss. Dabei hat er den großen Vorteil,
dass die Planung öffentlicher Gebäude nicht denselben endlo-
sen Debatten unterworfen ist wie in demokratischen Ländern.

»Groß« wird oft mit »bedrohlich« gleichgesetzt, und viele
meinen, die totalitäre Architektur sei größenwahnsinnig, um
die Macht des Regimes und die Ohnmacht der ihm Untergebe-
nen zu betonen. Dies ist eine Unterstellung. Sie unterschlägt,
dass Größe auch Fortschritt, Stolz und Zusammenhalt de-
monstriert. Mehr noch als die Winzigkeit des Individuums zu
betonen, unterstreicht die grandiose Architektur, wie großar-
tig es für den Einzelnen ist, einer Nation anzugehören, die ein
solches Meisterwerk schafft.

Wenn Diktatoren große Bauwerke errichten, streben sie
meistens danach, deren Vorbilder zu übertrumpfen. Zur Feier
von Kim Il-sungs siebzigstem Geburtstag wurde 1982 ein Triumphbogen in Pjöngjang gebaut. Es ist ein Nachbau des Pari-
ser Arc de Triomphe, der den Widerstandskampf des Diktators
gegen die japanischen Besatzer im Zweiten Weltkrieg symboli-
sieren sollte. Natürlich ist er ein klein wenig höher als das

französische Original – das 60 Meter hohe Monument besteht aus 25 550 Granitblöcken, einen für jeden Tag im Leben des Geburtstagskindes. Doch damit nicht genug, denn zum selben Anlass fehlte noch ein Turm zu Ehren der *Juche*-Ideologie, und so entstand der *Juche*-Turm. Er ist 170 Meter hoch und somit einen Meter höher als das Washington Monument und besteht aus ebenso vielen Granitblöcken wie der neue Triumphbogen. Auf seiner Spitze steht eine 20 Meter hohe und 45 Tonnen schwere gläserne Fackel, die von innen leuchtet.

Ein besonders faszinierender Diktatorenbau ist die Basilika Notre-Dame de la Paix in Yamoussoukro, der Hauptstadt der Elfenbeinküste. Präsident Félix Houphouët-Boigny begann 1985 mit dem Bau der monströsen Kirche, und 1989 raubte das Bauwerk dem römischen Petersdom den Status als größte Kirche der Welt. Der Petersdom diente deutlich als Vorbild, aber im Unterschied zur ehrwürdigen Papstkirche ist die Basilika hauptsächlich aus Beton gebaut. Sie ist 158 Meter hoch, hat eine Fläche von 30 000 Quadratmetern und bietet Platz für 18 000 Menschen. 7000 Quadratmeter buntes Glas wurden aus Frankreich importiert, um die Mosaikfenster zu bestücken. Eines davon zeigt Houphouët-Boigny als einen der Heiligen Drei Könige. Zu der Kirche gehört eine Villa, die ausschließlich für Papstbesuche reserviert ist. Sie wurde nur einmal benutzt, als Johannes Paul II. die Kirche 1990 weihte.

Stadtplanung par excellence

Unter Umständen reichen ein paar Paläste und Wolkenkratzer nicht aus. Wenn Sie sich als Diktator ein echtes Denkmal setzen wollen, errichten Sie doch gleich Ihre eigene Stadt! Zwar könnten Sie auch eine bereits existierende nach sich selbst umbenennen – Josef Stalin hatte Stalingrad, und Omar Bongo nannte seine Geburtsstadt Bongoville –, aber wem das nicht reicht, der baut neu.

François »Baby Doc« Duvalier war ein solcher Pionier. Er wollte der Welt zeigen, wie fortschrittlich und modern Haiti unter seiner Regierung war. 1961 wählte er das verschlafene Dorf Cabaret für sein Prestigeprojekt aus. Er versprach den Einwohnern, eine blühende Stadt aus dem Provinznest zu machen, in der er selbst leben wolle, begann eine Reihe gigantischer Bauprojekte und änderte den Namen des Ortes in Duvalierville. Um die Bauten zu finanzieren, wurden größere Betriebe um wirtschaftliche Unterstützung »gebeten«. Wer sich weigerte, bekam die Tonton Macoutes auf den Hals gehetzt. Sogar Schulkinder wurden zu »freiwilligen Spenden« aufgefordert. Leider wurde die Stadt nie fertig. Die meisten Projekte wurden nicht einmal begonnen, und 1986, als Duvaliers Sohn »Baby Doc« aus Haiti fliehen musste, nahm das Dorf wieder seinen alten Namen an.

Der Glaube kann Berge versetzen, behauptete Jesus dem Markusevangelium zufolge; doch Aberglaube kann ganze Hauptstädte versetzen, wie Birmas Geschichte zeigt. Jedenfalls besagt dort eine moderne Legende, die Hauptstadt sei von Rangun nach Naypyidaw verlegt worden, weil der Chefastrologe der Regierung vor einem Angriff aus der Luft gewarnt hatte. Die offizielle Erklärung lautete, dass Rangun zu klein für neue Regierungsgebäude geworden sei. Rangun liegt an der Küste, vielleicht wollte die Militärjunta auch eine zentral gelegene Hauptstadt haben. Was immer der Grund war, am 6. November 2005 um 6.37 Uhr morgens begann der Umzug der Ministerien nach Naypyidaw, das somit neue Hauptstadt wurde. Der Zeitpunkt signalisiert in der birmanischen Astrologie Wohlstand.

Naypyidaw, was ungefähr »königliche Stadt« oder »Sitz des Königs« bedeutet, ist die vielleicht am strengsten durchgeplante Stadt der Welt. Die Wohnviertel sind nach Berufen und Familienstand eingeteilt. Jeder Wohnblock hat seine eigene Farbe auf den Dächern, je nach dem Arbeitsfeld seiner Bewohner. Die Angestellten des Gesundheitswesens haben blaue Dächer, die landwirtschaftlichen Arbeiter grüne und so weiter.

Die Regierung nimmt einen eigenen Stadtteil ein. Hohe Offiziere wohnen in einer militärischen Zone, 11 Kilometer von den Wohnungen der übrigen Regierungsangestellten entfernt. In der militärischen Zone sind die Straßen achtspurig, damit man sie auch als Rollbahn benutzen kann. Im eigentlichen Regierungsviertel sind alle Ministerien in 100 Prozent identischen Gebäuden untergebracht. Der riesige Parlamentskomplex besteht aus 31 Gebäuden, und nebenan steht der Palast des Präsidenten mit seinen hundert Zimmern. Nebenbei hat die Stadt noch ein Hotel- und ein Botschaftsviertel.

Naypyidaw ist die perfekte Stadt für eine Diktatur. Es gibt keine öffentlichen Plätze, wo das Volk sich versammeln könnte, und auch kein richtiges Zentrum. Besucher beschreiben es als menschenleere Geisterstadt, in den breiten Straßen ist so gut wie kein Verkehr.

Auch der kasachische Präsident Nursultan Nasarbajew hat seine Hauptstadt an einen zentralen Ort des Landes verlegt. 1997 zog die Regierung von Almaty (früher Alma-Ata) mitten in die kasachische Steppe nach Akmola, das ein Jahr später in »Astana« (»Hauptstadt«) umbenannt wurde. Die offizielle Begründung war, dass Almaty in einem erdbebengefährdeten Gebiet liege, topografisch bedingt keinen Platz mehr biete und zu nahe an der Grenze zu Kirgisistan sei. Böse Zungen sehen den Grund eher darin, dass die russische Bevölkerung Kasachstans, die hauptsächlich im Norden lebt, von der neuen Hauptstadt aus leichter zu kontrollieren sei.

Die meisten Ausländer sind weit weniger begeistert von Astana als Präsident Nasarbajew. Geschäftsleute und Touristen zogen weiterhin Almaty vor, bis der Präsident Direktflüge vom Ausland in die alte Hauptstadt verbot. Alle Flüge mussten mindestens in Astana zwischenlanden.

Finanziert durch die Öleinnahmen des Landes, ist Astana inzwischen zu einer modernen Stadt aus Beton, Glas und Stahl mit vielen Hochhäusern gewachsen. Gigantische Bauprojekte wurden begonnen. Selbstverständlich wurde auch ein neuer Präsidentenpalast errichtet, der den Namen »Aq Urda« bekam (»Die weiße Horde«, nach dem alten mongolischen Khanat). Er hat eine riesige Kuppel, die von einem 80 Meter hohen Turm gekrönt wird. Auf der Spitze glänzt eine Skulptur der Sonne, unter der ein Steppenadler durchfliegt.

Noch spektakulärer ist die 77 Meter hohe Pyramide des Friedens und der Eintracht, die speziell für den »Kongress der traditionellen Religionen und Weltreligionen« erbaut wurde, ein Lieblingsprojekt Nasarbajews. Der Kongress hat den edlen Zweck, den Dialog zwischen allen Zivilisationen und Glaubensgemeinschaften zu fördern. Wer will da noch behaupten, Diktatoren hätten böse Absichten? Alle drei Jahre treffen sich dort 200 Repräsentanten der wichtigsten Religionen in einem runden Konferenzzentrum, das dem Sicherheitsrat der UN nachempfunden, aber natürlich größer ist. Im Untergeschoss beherbergt die Riesenpyramide des britischen Architektenbüros Foster + Partners einen Opernsaal mit Platz für 1500 Zuschauer.

Neben seinem Palast ließ der kulturbeflissene Präsident die »Blume der Steppe« errichten, einen der weltgrößten Konzertsäle mit 3500 Sitzplätzen. Dafür engagierte er den italienischen Stararchitekten Manfredi Nicoletti, der sich in der Formgebung von Blütenblättern inspirieren ließ und der Glasfassade die Farben der kasachischen Flagge gab.

Einen weiteren Superlativ bietet das »Khan Shatyr«. Das größte Zelt der Welt (ebenfalls von Foster + Partners) überdacht quasi einen ganzen Stadtteil. Das transparente Zelttuch wird in der Mitte von einem 150 Meter hohen Mast gehalten und überspannt eine Fläche, die mehr als zehn Fußballfeldern entspricht. Die Temperatur im Inneren ist das ganze Jahr über gleichmäßig – besonders angenehm in einer Stadt, wo die Temperaturen zwischen minus und plus 40 Grad schwanken.

Das Wahrzeichen Astanas ist der 105 Meter hohe Bajterek-Turm (»Die hohe Pappel«). Er symbolisiert den Lebensbaum aus einer kasachischen Sage, in dessen Krone der mythische Vogel Samruk ein Ei legt. Die Spitze des Turmes verzweigt sich in viele Äste, die ein goldenes Ei mit einem Durchmesser von 22 Metern umschließen. Darin befindet sich eine Aussichtsplattform auf genau 97 Metern Höhe, die für das Jahr stehen, in dem Astana Hauptstadt wurde. Der Turm ist ein wahres Pilgerziel für die Fans des Diktators, denn auf der Plattform gibt es einen goldenen Abdruck von Nasarbajews rechter Hand. Wer seine Hand in den Abdruck legt, dem wird angeblich ein Wunsch erfüllt, auf jeden Fall aber hört er die kasachische Nationalhymne erklingen.

Im Jahr 2008 schlug das kasachische Parlament vor, die Hauptstadt nach ihrem Gründer in »Nursultan« umzutaufen, doch der Präsident lehnte dies überraschenderweise ab. Viele glauben, dass er sich dieses Denkmal erst nach seinem Tod oder nach seiner Abdankung wünscht.

Astana hat mit anderen Worten einige der prachtvollsten Gebäude der Welt zu bieten. Und wem dies nicht genug Denkmäler sind, kann selbstverständlich noch das Nursultan-Nasarbajew-Museum besuchen.

Die Geisterstadt

Die Bauherren von Duvalierville, Naypyidaw und Astana wollten sich Denkmäler schaffen, aber auch Wohnraum für ihre Untertanen. Nordkorea hingegen hatte ganz andere Motive, als es in den Fünfzigerjahren ein neues Dorf in der demilitarisierten Zone zwischen Nord- und Südkorea bauen ließ. Es heißt Kijong-dong und ist in Nordkorea als »Friedensdorf« bekannt, während es in Südkorea »Propagandadorf« genannt wird. Offiziell wohnen dort 200 Familien und betreiben ein Kollektiv. Es gibt einen Kindergarten, Schulen und sogar ein Krankenhaus. Moderne Wohnblocks mit blauen Dächern, Elektrizität und Straßenbeleuchtung zeugen von einem wesentlich höheren Lebensstandard als in den meisten anderen nordkoreanischen Dörfern.

Leider ist nichts davon echt. Das Dorf ist die einzige Siedlung Nordkoreas, die man von der südkoreanischen Seite aus sehen kann. Mit einem guten Fernglas erkennt man jedoch, dass die Gebäude nur Hüllen sind, ohne Glas in den Fenstern und ohne Einrichtung. Das Licht in den Gebäuden wird zu festen Zeiten ein- und ausgeschaltet, um die Illusion zu erschaffen, dass jemand dort wohne. Die einzige menschliche Aktivität ist der ein oder andere Straßenfeger, der den Schein aufrechterhält. Wahrscheinlich wurde das Potemkinsche Dorf nur gebaut, um den Südkoreanern zu zeigen, wie gut es den Nordkoreanern gehe.

Ohnehin könnte es dort kaum jemand aushalten, denn der Lärmpegel ist unerträglich. Riesige Lautsprecher sind auf die südkoreanische Seite gerichtet und senden zwanzig Stunden am Tag Propagandameldungen. Früher sollte die Dauerbeschallung südkoreanische Grenzsoldaten zum Überlaufen bewegen, aber da niemand sich locken ließ, ging der Sender zu antiimperialistischen Reden auf Volllautstärke über, gemischt mit etwas nationalistischer Oper und Militärmusik.

In den Achtzigerjahren stellte Südkorea, das damals ebenfalls eine Diktatur war, einen 100 Meter hohen Fahnenmast mit einer 130 Kilogramm schweren südkoreanischen Flagge auf der anderen Seite der Grenze in Daeseong-dong auf. Das ließ Nordkorea nicht auf sich sitzen, erhöhte den Fahnenmast von Kijong-dong auf 160 Meter und bestückte ihn mit einer 270 Kilogramm schweren Landesflagge. In Korea spricht man vom sogenannten »Flaggenkrieg«. Der Fahnenmast von Kijong-dong ist der dritthöchste der Welt. Fahnenmasten sind offenbar ein Diktatorenfetisch – oder etwa eine Kompensation für zu kümmerliche Gemächte? Auf jeden Fall stehen die größten Exemplare der Welt alle in Diktaturen: in Tadschikistans Hauptstadt Duschanbe (165 Meter, mit einer 30 mal 60 Meter großen Flagge), in Aserbaidschan (162 Meter), in besagtem nordkoreanischen Friedensdorf und in Turkmenistan (133 Meter).

Der Landschaftsarchitekt

Städte zu bauen ist eine Sache, die Natur zu verändern eine ganz andere. Emir Muhammad bin Raschid Al Maktum von Dubai findet sein Emirat am Persischen Golf offensichtlich zu klein. Er hat mehrere Bauprojekte begonnen, welche die Landmasse Dubais vergrößern sollen. Seit 2001 wird an der ersten von drei künstlichen Halbinseln gebaut. Sie haben die Form einer Ölpalme, die von einem Halbkreis umrahmt wird. Die zwei kleineren Halbinseln Palm Jumeirah und Palm Jebel Ali sollen aus 100 Millionen Kubikmeter Sand und Steinen bestehen, während die größte, Palm Deira, 1 Milliarde Kubikmeter

Baumaterial verschlingen wird. Ursprünglich sollte sie Platz für bis zu 1 Million Einwohner bieten, aber während der Bauarbeiten wurden die Pläne aufgrund diverser technischer Schwierigkeiten zurückgeschraubt. Auf den künstlichen Halbinseln entstehen Hotels, Luxusvillen, Wasserparks, Restaurants und Einkaufszentren, aber ob das Projekt je fertiggestellt wird, ist unsicher. Die Finanzkrise hat dazu geführt, dass viele Baustellen ruhen.

Bauträger ist das staatliche Bauunternehmen Nakheel Company. Außer den Palmeninseln soll sie noch zwei weitere künstliche Inselgruppen namens »The World« und »The Universe« aufschütten. In Ersterer haben die Inseln die Form der Kontinente, Letztere soll eine Kopie unseres Sonnensystems werden. Die Idee stammt vom Emir persönlich, doch die Herrschaft über das Universum muss er sich vorläufig verkneifen, denn das Projekt ist auf Eis gelegt. Obwohl schon viele der anderen Inseln verkauft sind, ist nicht alles nach Plan gelaufen. Nachdem die Immobilienpreise 2008 einen Höhepunkt erreicht hatten, erlebten sie durch die Finanzkrise eine rasante Talfahrt. Böse Zungen behaupten, dass die Inseln bereits im Meer versinken und das Wasser zwischen ihnen aufgrund mangelnder Strömung von Sedimenten verdichtet sei, was Nakheel vehement bestreitet.

Dubais künstliche Inseln zeigen, dass selbst ein Diktator sich irren kann. Die enormen Summen, die in Emir Muhammads Prestigeprojekt gepumpt wurden, haben das Vermögen des Herrschers von 16 Milliarden Dollar (2007) auf nur 4 Milliarden Dollar (2011) schrumpfen lassen. Es mag ergötzlich sein, Gott zu spielen, aber es hat seinen Preis.

9. Wie man mit seinen Allernächsten teilt

Sie müssen nicht unbedingt selbst Diktator sein, um das Leben wie ein solcher zu genießen. Manchmal reicht es, mit einem Despoten verwandt, verheiratet oder verschwägert zu sein. Geschwister, Ehepartner und Kinder von Diktatoren erfreuen sich in der Regel derselben Privilegien wie der Staatsführer. Familienmitglieder stehen über dem Gesetz, sie werden als Erste bedacht, wenn lukrative Geschäftsaufträge vergeben oder Bodenschätze verteilt werden. Viele von ihnen haben sogar politischen Einfluss, was in Diktaturen den wenigsten gegönnt ist.

In mancher Hinsicht ist es viel einfacher, Angehöriger eines Diktators zu sein als Diktator selbst. Sie profitieren, ohne die schwere Verantwortung eines Staatschefs tragen zu müssen. Andererseits erleben Sie nicht denselben Rausch, den absolute Macht auslöst, können kein ganzes Land allein nach Ihrem Willen formen und sich als Gott verehren lassen. Alles hat seine Vor- und Nachteile.

Akademische Schleichwege

Ein guter Job ist Ihnen als Angehöriger eines Diktators zumindest sicher. Qualifikation spielt dabei selbstverständlich keine Rolle. Auch müssen Sie in den meisten Fällen nicht wirklich arbeiten, geschweige denn täglich in einem Büro erscheinen. Es reicht völlig aus, den Lohn zu kassieren.

Elena Ceaușescu, die Ehefrau des früheren rumänischen Diktators, hatte keine besondere Ausbildung. Sie ging mit 14 Jahren von der Schule ab, nachdem sie in den meisten Fächern durchgefallen war. Die einzigen, die sie bestanden hatte, waren Handarbeit, Gesang und Gymnastik. Elena reiste zu ihrem Bruder nach Bukarest, wo sie eine Assistenzstelle an einem zweifelhaften Institut bekam, das Schmerzmittel und Schlankheitspillen produzierte. Die Anstellung war von kurzer Dauer, aber sie weckte ihr Interesse an der Chemie. Danach arbeitete sie in einer Textilfabrik. 1937 trat sie in die Kommunistische Partei ein, in deren Reihen sie wenige Jahre später Nicolae Ceaușescu kennenlernte. Das Paar heiratete 1947.

Elena arbeitete eine Weile als Sekretärin im Außenministerium, wo sie sich als untauglich erwies. Daraufhin belegte sie einen Abendkurs in Chemie, wurde jedoch hinausgeworfen, weil sie bei einer Prüfung geschummelt hatte. Es sah schlecht aus für Elenas Karriere. Zum Glück aber hatte sie einen Ehemann, der nachhelfen konnte.

Ihr Sprung an die Spitze der rumänischen Hierarchie machte den Weg frei für eine glänzende Karriere als Chemikerin. 1960 erlangte sie den Doktorgrad, eine imponierende Leistung für eine Frau ohne akademische Bildung. 1965 wurde sie Chefin des Rumänischen Instituts für Chemieforschung ICECHIM. Die Medien rühmten sie als »weltberühmte Chemikerin und Forscherin«, mehrere wissenschaftliche Artikel anderer Forscher erschienen unter ihrem Namen. Angestellte des ICECHIM berichteten, keiner habe etwas publizieren dürfen, ohne dass Elenas Name an erster Stelle stand, obwohl sie kaum in der Lage war, alle Fachbegriffe in den Artikeln korrekt auszusprechen. Elena ihrerseits beschwerte sich, dass sie trotz ihrer vielen Artikel nie für den Nobelpreis nominiert worden war.

Bei jedem Auslandsaufenthalt mit ihrem Mann sammelte sie Ehrentitel diverser Universitäten. Der rumänische Geheimdienst hatte die Order, vor jeder Reise mit renommierten Forschungsinstituten des Gastlandes zu verhandeln, um der First Lady akademische Ehren zu verschaffen.

Im Jahr 1975 wurde Elena Doctor h.c. an den Universitäten von Teheran und Amman. Als das Ehepaar Ceaușescu 1978 Großbritannien besuchte, bekamen die Universitäten in Oxford und Cambridge eine entsprechende Anfrage, doch sie lehnten höflich ab. Das Central London Polytechnic und das Royal Institute of Chemistry hingegen waren generöser und verliehen dem Naturtalent Ehrentitel.

Nur in Washington, D.C., sträubten sich die Universitäten, Elenas wissenschaftliche Errungenschaften auszuzeichnen. Sie musste sich mit einer Mitgliedschaft in der Illinois Academy of Science zufriedengeben. Elena verstand nicht, warum Jimmy Carter ihr keinen akademischen Grad in Washington verschaffen konnte, und sagte zu ihrem Mann: »Du willst doch nicht behaupten, dass Mr Peanut mir ein Illi-Dingsbums-Diplom geben kann, aber keins aus Washington. Ich will nicht nach Illi-Dingsbums!« Sie habe noch nie von Illinois gehört und wolle keine so unbedeutende Auszeichnung von einem »schmutzigen Juden«. Damit meinte sie Emanuel Merdinger, den damaligen Vorsitzenden der Illinois Academy of Science.

Vor einer Reise auf die Philippinen bat der Geheimdienst Präsident Marcos, er möge doch die Universität von Manila überzeugen, Elena im Austausch gegen eine beträchtliche Spende die Ehrendoktorwürde zu verleihen. Selbst vor dem Geheimdienstchef wollte die Diktatorengattin dies nicht zugeben. »Mein Lieber, wissen Sie denn nicht dass die Universität absolut darauf bestand? Ich wollte es ihnen ausreden, aber wissen Sie, was diese kleinen gelben Menschen taten? Sie brachten Imelda auf ihre Seite, und die nahm mich mit zur Universität. Ich konnte nichts dagegen tun.«

Doch eine akademische Karriere war Elena nicht genug, sie wollte politische Macht. 1971 sah sie auf einer Chinareise, wie viel Einfluss Maos Frau Jiang Qing hatte. Seitdem strebte sie nach höheren Posten, und da es bekanntlich hilft, mit dem Chef zu schlafen, bekam sie immer mehr davon. 1971 wurde sie Mitglied im Zentralkomitee der Kommunistischen Partei, 1977 stieg sie ins Politbüro auf (das höchste Führungsgremium der Partei), und im März 1980 machte Ceauşescu sie zur Vizepräsidentin Rumäniens.

Glamourschwestern

In Usbekistan ist Islam Karimow seit dem Fall der Sowjetunion 1991 an der Macht. Er ist bekannt dafür, dass er seine Widersacher bei lebendigem Leib kocht und im sogenannten »Krieg gegen den Terror« eng mit den USA zusammenarbeitet. Der usbekische Diktator hat zwei hübsche Töchter, die beide das süße Jetset-Leben mit einer Karriere als Diplomatinnen verbinden.

Karimows älteste Tochter Gulnara Karimowa ist überall dabei und kennt sich aus. Sie ist Geschäftsfrau, Diplomatin, Akademikerin, Schmuck- und Modedesignerin und Sängerin auf einmal. Amerikanische Diplomaten beschreiben sie in einem von WikiLeaks veröffentlichten Report als »glamourös und äußerst kontrovers«. Außerdem sei sie die »meistgehasste Person« des Landes.

Gulnara studierte Wirtschaft an der Universität von Taschkent, erlangte einen Magistergrad in Harvard und promovierte im Fach Staatswissenschaft an der »Hochschule für Weltwirtschaft und Diplomatie«, wo sie inzwischen auch einen Professorentitel trägt. Wie viel Zeit Gulnara der akademischen Arbeit widmet, ist nicht bekannt, doch offenbar haben ihre anderen Tätigkeiten Priorität, zum Beispiel die Karriere als Popsängerin. Unter dem Künstlernamen Googoosha – der Kosename, mit dem ihr Vater sie anredet – veröffentlichte sie 2006 ihr erstes Musikvideo. Das Lied heißt »Unutma meni«, »Vergiss mich nicht«. Zusammen mit Julio Iglesias hat sie eine Version von »Besame mucho« eingespielt, und 2012 erschien ihr erstes Album mit Liedern, die ihre eigenen Erfahrungen spiegeln sollen. Wie gesagt hat Gérard Depardieu, der sich in letzter Zeit gern mit östlichen Diktatoren zeigt, nun ein Musikvideo mit ihr gedreht und wird in einem ihrer Filme auftreten – denn Gulnara ist auch Drehbuchautorin.

Überhaupt hat die Diktatorentochter viele künstlerische Seiten. Auf der New York Fashion Week 2010 zeigte sie selbst entworfene Mode unter dem Markennamen »Guli«. Die Kleider waren von usbekischen Mustern und Stoffen inspiriert. Leider durfte sie im Jahr darauf aufgrund einer Kampagne der Human Rights Watch nicht mehr an der Modeschau teilnehmen. Die Menschenrechtsorganisation fand es nicht angebracht, dass Gulnara usbekische Stoffe anpries, während usbekische Kinder zwei Monate im Jahr von der Schule geholt werden, um Baumwolle zu pflücken. Auch Schmuck hat Gulnara designt. In Zusammenarbeit mit der Schweizer Firma Chopard lancierte sie 2009 die »Kollektion Guli«.

Bei so viel Kreativität mag man sich fragen, woher Gulnara noch Zeit für die Diplomatie nimmt. Sie hat für die usbekische UN-Delegation in New York und in der usbekischen Botschaft in Moskau gearbeitet. 2008 wurde sie Vizeaußenministerin und Usbekistans Repräsentantin im Büro der Vereinten Nationen in Genf. 2010 ging sie als Botschafterin nach Spanien, behielt aber gleichzeitig den Job in der Schweiz. Darüber hinaus ist sie seit 2005 Direktorin der usbekischen Ideenschmiede »Centre for Political Studies«.

Während Gulnara ihr künstlerisches Talent gern in den Medien zeigt, schweigt sie sich über ihre geschäftlichen Aktivitäten aus. Das Schweizer Wirtschaftsmagazin *Bilanz* schätzt ihr Vermögen auf 600 Millionen Dollar. Vermutlich kontrolliert sie den usbekischen Industriegiganten Zeromax, den landesweit größten Konzern im Ölgeschäft und Grubenbau sowie in Landwirtschaft, Textilindustrie und auf dem Bankensektor. Zeromax ist in der Schweiz registriert, wo Gulnara derzeit wohnt, doch vorläufig gibt es noch keine handfesten Beweise für ihren Besitzanteil.

Auch für den Sport zeigt Karimowa Interesse. Angeblich sponsert sie die Fußballmannschaft »Bunyodkor«, die durch den Kauf mehrerer brasilianischer Spieler (unter anderen Superstar Rivaldo) versucht hat, den usbekischen Fußball auf die Weltkarte zu bringen. »Bunyodkor« schlägt sich tapfer in der asiatischen Champions League, ist jedoch im Heimatland nicht so beliebt. Bei einem Spiel gegen die weniger erfolgreichen »Pakhtakor« (»Baumwollpflücker«) musste sich »Bunyodkor« 1:0 geschlagen geben, weil alle brasilianischen Spieler im Lauf der ersten zehn Minuten die rote Karte gesehen hatten. Aus einem durchgesickerten Rapport der amerikanischen Botschaft in Taschkent geht hervor, dass der Schiedsrichter nach dem Match »Bunyodkors« Trainer anrief und sich entschuldigte. Er müsse seine Familie versorgen, sagte er. Der Präsident des usbekischen Fußballbunds habe ihm das Ergebnis vorgeschrieben. Es mag seltsam erscheinen, dass der nationale Fußballbund gegen die Mannschaft der Präsidententochter arbeitet, doch das Spiel hatte keine Bedeutung für die asiatische Liga, und auf nationaler Ebene feuern die Usbeken lieber usbekische Fußballer an. Der Botschaftsrapport deutet an, dass die wahre Ursache in der Korruption liegt. Das Ergebnis brachte nämlich deutlich höhere Gewinnquoten für die wenigen, die auf einen Sieg für »Pakhtakor« gewettet hatten.

Auch im Privatleben hat es immense Vorteile, zur Familie eines Diktators zu gehören. Die härtesten Scheidungskriege werden mit einem Handstreich gelöst, wie Gulnaras Beispiel zeigt. 1991 heiratete sie den amerikanisch-afghanischen Geschäftsmann Mansur Maqsudi, der eine Coca-Cola-Fabrik in Taschkent gründete. Sie bekamen zwei Kinder, doch zehn Jahre später ging die Ehe in die Brüche, woraus sich ein internationaler Skandal entwickelte. Mehrere Verwandte Maqsudis wurden verhaftet, andere nach Afghanistan verjagt. Maqsudis usbekische Unternehmen bekamen plötzlich Ärger mit den Behörden. Steuer-, Zoll- und Drogenfahnder durchsuchten seine Büros, und zuletzt musste die Colafabrik schließen. Maqsudi verlor alles, was er in Usbekistan investiert hatte. Gegen ihn, seinen Bruder und seinen Vater wurden Haftbefehle wegen Steuerhinterziehung, Korruption und illegalen Ölhandels mit dem Irak ausgestellt. Die usbekischen Behörden bestritten jeden Zusammenhang mit der Scheidung.

Seiner jüngeren Tochter Lola Karimowa-Tilljajewa verdankt Islam Karimow eine ganz besondere Ehre. Er ist nämlich der einzige Staatschef der Welt, der sich *rechtmäßig* »Diktator« nennen darf. Wie ihre Schwester hat Lola eine Ausbildung an der Hochschule für Weltwirtschaft und Diplomatie in Taschkent absolviert. Außerdem führt sie einen Doktorgrad in Psychologie. Sie ist Usbekistans feste Repräsentantin im Hauptquartier der UNESCO in Paris. Dort verbringt sie viel Zeit mit allen möglichen Prominenten auf Wohltätigkeitsveranstaltungen.

In einem Artikel der französischen Onlinezeitung *Rue 89* wurde Lola als »Diktatorentochter« bezeichnet, die Usbekistans Image mit wohltätigen Arrangements aufpolieren wolle. Lola fühlte sich in ihrer Ehre gekränkt, zog gegen die Zeitung zu Gericht und verlangte 30 000 Euro Entschädigung. *Rue 89* hatte unter anderem berichtet, ihre Schwester Gulnara habe auf dem Filmfestival in Cannes an der Aktion »Kino gegen Aids« teilgenommen, während kurz zuvor in Usbekistan ein Aktivist zu sieben Jahren Gefängnis verurteilt worden war, weil er Broschüren verteilt hatte, in denen stand, wie man sich vor HIV schützt. Die Richter hatten behauptet, der Inhalt der Broschüre stehe »im Gegensatz zur Moral, Religion und Tradition des usbekischen Volkes«. Lolas Klage wurde abgewiesen. Der Artikel entspreche vollkommen der Wirklichkeit, hieß es in der Begründung – was auch für die Bezeichnung ihres Vaters als Diktator gilt.

Der Playboyprinz

Ein Diktator hat überall Feinde. Aus diesem Grund sollte Paranoia bei Despoten als Berufskrankheit anerkannt werden. Nicht einmal der eigenen Familie können sie vertrauen. Manchmal droht sogar die größte Gefahr aus den Reihen der nächsten Verwandten.

Francisco Macías Nguema war der Sohn eines Hexendoktors in Spanisch-Guinea, einer Mikrokolonie an der Westküste Afrikas. Heute heißt das Land Äquatorialguinea. Es besteht aus einer Insel und einem schmalen Streifen Festland in der sogenannten »Armbeuge« des Kontinents. Früher war Kakao sein wichtigstes Exportgut, heute strömen Milliarden Dollars von den Ölfeldern vor der Küste.

Francisco war keine Leuchte in der Schule, er fiel dreimal durchs Examen für den öffentlichen Dienst. Dennoch schaffte er es in der spanischen Kolonialverwaltung zum Bürgermeister der Stadt Mongomo. Er stieg rasch auf, und als das Land 1964 eine autonome Verwaltung erhielt, wurde er stellvertretender Ministerpräsident.

Im Jahr 1968 entließ Spanien die Kolonie in die Unabhängigkeit, und bei den ersten und letzten freien Wahlen in Äquatorialguinea wurde Nguema zum Präsidenten gewählt. Er erkannte die historische Chance und nahm den jungen Staat unter seine Fittiche. Seinen Gegenkandidaten bei der Wahl beschuldigte er der Planung eines Staatsstreichs und ließ ihn hinrichten. 1971 änderte er die Verfassung und ließ sich uneingeschränkte Machtbefugnis über Parlament und Gerichtsbarkeit geben.

Jede Beleidigung des Präsidenten war mit bis zu dreißig Jahren Gefängnis strafbar, allein die »Bedrohung« seiner Person wurde mit der Todesstrafe geahndet. 1972 ließ Nguema alle politischen Parteien unter seiner »Vereinten Nationalen Arbeiterpartei« zwangsvereinen und ernannte sich zum Präsidenten auf Lebenszeit. 1973 wurde das Land per »Referendum« zur Volksrepublik erklärt. 99 Prozent der Wähler hatten für die neue Verfassung gestimmt, die Nguema absolute Macht verlieh, und 100 Prozent (!) bestätigten ihn bei den nächsten Wahlen im Amt.

Um sich gegen äußere und innere Feinde zu schützen, besetzte er alle wichtigen Posten des Landes mit Verwandten.

Seltsamerweise verstand das Volk nicht, wie gut es ihm unter Nguema ging. Ein Drittel der gesamten Bevölkerung floh während seiner Regierungszeit aus dem Land. Sogar seine Frau türmte 1976. Von 300 000 Einwohnern wurden an die 100 000 getötet. Um den Flüchtlingsstrom zu stoppen, verbot Nguema die Fischerei und ließ alle Boote zerstören. Er verbot westliche Medizin und den Gebrauch des Wortes »intellektuell«. Offenbar hatten die schlechten Schulnoten dem Diktator eine tiefe Skepsis gegenüber jeder Art von Bildung eingeflößt. Was ihn nicht davon abhielt, sich »Großmeister der Wissenschaft, Bildung und Kultur« zu nennen.

Im Jahr 1975 wurden 150 Personen verhaftet und des versuchten Umsturzes angeklagt. Die angeblichen Aufständischen wurden in einem Stadion der Hauptstadt Malabo niedergemetzelt, während eine Band »Those Were the Days« spielte. Außerdem ermordete Nguema den Chef der Zentralbank und beschlagnahmte kurzerhand alle Wertsachen, die dort in Verwahrung waren.

Nguema befahl der Kirche, alle Gottesdienste mit dem Ausruf »Vorwärts mit Macías. Immer mit Macías. Niemals ohne Macías!« abzuschließen, und später verbot er die katholische Kirche komplett. Priester wurden ermordet oder ins Gefängnis geworfen. 1978 gab er den nationalen Slogan aus: »Es gibt keinen anderen Gott als Macías Nguema.«

Aber obwohl die gesamte Opposition ausgelöscht war und seine Familie alle wichtigen Posten des Landes innehatte, fühlte sich Nguema nicht sicher. Im Sommer 1979 ließ er mehrere Verwandte hinrichten, was sich als Fehler herausstellte. Am 3. August putschte sein Neffe, der damalige Vizeverteidigungsminister Teodoro Obiang Nguema Mbasogo. Macías Nguema versteckte sich mit einer Handvoll Getreuer im Dschungel, doch er entkam nicht. Am 29. September wurde der Gewaltherrscher 101-mal zum Tode verurteilt und (nur einmal) hingerichtet.

Teodoro Mbasogo übernahm das Amt des Präsidenten, und es dauerte nicht lange, bis auch er sich als gleich autoritärer Diktator wie sein Onkel etabliert hatte. Mbasogo ist jedoch gebildeter. Er spielt gut Tennis und wird von den meisten Ausländern als höflich und sympathisch beschrieben. Als dann auch noch Öl vor der Küste Äquatorialguineas gefunden wurde, standen ihm die Türen zu internationaler Anerkennung offen.

Das Öl hat Mbasogo zwei klare Vorteile gebracht. Erstens drücken die öldurstigen USA bei Menschenrechtsverletzungen eher ein Auge zu, zweitens hat es ihn steinreich gemacht. Ein Untersuchungsausschuss des amerikanischen Senats hat aufgedeckt, dass einige Ölgesellschaften die Öleinnahmen direkt auf die Konten Mbasogos und seiner Familie bezahlten. Bei der Washingtoner Riggs Bank betrug sein Saldo zeitweilig 700 Millionen Dollar.

Bis jetzt ist Mbasogo netter zur Verwandtschaft gewesen als sein Onkel. Sein Sohn Teodoro Nguema Obiang Mangue, genannt »Teodorin«, lebt ein dekadentes Playboyleben. Als Sohn des Diktators darf er Äquatorialguinea als Spielplatz benutzen. Wenn er sich mit einem seiner zahlreichen Ferraris oder Bugattis amüsieren will, sperrt sein Vater die Straßen der Hauptstadt Malabo.

Teodorin war lange Zeit Agrar- und Forstminister. Damit kontrollierte er einen einträglichen Wirtschaftszweig. Wer in Äquatorialguinea Holz nutzen will, muss hohe Summen an Teodorins eigene Rodungsfirmen zahlen. Sein reguläres Ministergehalt betrug lächerliche 5000 Dollar pro Monat, was die Grundbedürfnisse eines Diktatorensohns natürlich nicht deckt. Deshalb hat er sich aus anderen Quellen mindestens

100 Millionen Dollar angeeignet, wie aus dem oben genannten Rapport des amerikanischen Senats hervorgeht.

Im Jahr 1991 zog Teodorin in das kalifornische Millionärsresort Malibu, um an der Pepperdine University zu studieren. Die amerikanische Ölgesellschaft Walter International hatte sich bereit erklärt, seine dortigen Lebenskosten zu übernehmen, doch diese übertrafen die Erwartungen bei Weitem. Welcher Sohn eines Diktators will schon im Studentenwohnheim hausen? Teodorin nahm sich eine Luxuswohnung in Malibu und eine Suite im Hotel Beverly Wilshire in Los Angeles. Im Vorlesungssaal sah man ihn selten, dafür aber beim Shoppen in Beverly Hills. Nach fünf Monaten brach er das Studium ab und hinterließ eine Rechnung von 50 000 Dollar für Walter International.

Das Einzige, was von Teodorins Studium hängen blieb, war seine Vorliebe für Kalifornien. 2001 kaufte er für 6,5 Millionen Dollar ein Haus in Bel Air, das er aber nicht bezog, weil ihm der Stil zu modern war. Mit dem selbst gegründeten Label TNO Entertainment wollte er eine Karriere als Hip-Hop-Musiker starten. Für den Flop »No Better Than This« fand er einen geeigneten Partner, denn der Rapper Won-G war der Sohn eines haitianischen Offiziers im Heer des Diktators Jean-Claude Duvalier.

Im Jahr 2006 kaufte Teodorin für 30 Millionen Dollar ein Haus in Malibu. Es ist 1400 Quadratmeter groß, hat acht Badezimmer, ein Schwimmbad, Tennisplätze und einen eigenen Golfplatz. Zu seinen Nachbarn gehören Mel Gibson und Britney Spears. Auch dort sparte er nicht an der Einrichtung. Er kaufte Teppiche für 59 850 Dollar, ein Heimkino für 58 000 Dollar und Weingläser für 1734 Dollar und 17 Cent.

Auch sein Fuhrpark war gut bestückt: sieben Ferrari, fünf Bentley, vier Rolls-Royce, je zwei Lamborghini, Mercedes, Porsche und Maybach sowie ein Aston Martin. Sein Lieblingsauto war ein blauer Bugatti Veyron für 2 Millionen Dollar. Benito Giacalone, ein früherer Chauffeur, berichtete, wie er den Veyron vor einem trendigen Nachtclub parkte. Als Teodorin sah, dass die Gäste sich um den Wagen scharten, schickte er den Fahrer mit dem Taxi nach Hause, um auch den zweiten Bugatti zu holen.

Zu den regelmäßigen Besucherinnen des Herrschaftshauses gehörten unter anderen die Schauspielerin Tamala Jones (bekannt aus den Filmen »Booty Call. One-Night-Stand mit Hindernissen« und »Confessions of a Call Girl«), das *Playboy*-Model Lindsey Evans und die Rapperin Eve. Teodorin sorgte stets für eine elegante Garderobe, sowohl für sich selbst als auch für seine weiblichen Bekanntschaften. Wenn seine Geliebten bei Dolce & Gabbana zu Besuch waren, schloss das Modehaus die Türen für die Öffentlichkeit. Nach Aussagen Giacalones kaufte eine von ihnen für 80 000 Dollar ein. Der Chauffeur bezahlte mit eingeschweißten Bündeln von Banknoten aus einem Schuhkarton.

Im Jahr 2009 verbrachte Teodorin ein paar Nächte in der Präsidentensuite des Hotels Four Seasons in Las Vegas. Die Rechnung von 5000 Dollar pro Nacht unterschrieb er mit »Prinz Teodoro Nguema Obiang«, was kaum Zweifel an der Erbfolge in Äquatorialguinea lässt.

Obwohl er steinreich ist, bezahlt Teodorin offenbar nicht gern. Mehrere ehemalige Angestellte haben den Erbprinzen wegen ausstehender Löhne, unbezahlter Überstunden und nicht erstatteter Haushaltskosten für Alltagsartikel wie Klopapier verklagt. Die Angestellten berichteten auch von Drogenpartys mit Prostituierten und *Playboy*-Models. »Ich habe nie gesehen, dass er etwas tat, was auch nur entfernt an Arbeit erinnerte. Seine Tage bestanden aus Schlaf, Shopping und Festen«, sagte der ehemalige Chauffeur aus.

Teodorin gilt als erster Kandidat für die Nachfolge Mbasogos. 2012 stieg er zum Vizepräsidenten Äquatorialguineas mit spezieller Verantwortung für Verteidigung und Sicherheit auf. In den letzten Jahren hat er mehr Zeit als früher im Heimatland verbracht, was allerdings auch daran liegen mag, dass er manche Länder nicht mehr besuchen kann, seit seine wirtschaftlichen Machenschaften bekannt geworden sind. In Frankreich liegt eine Anklage wegen Korruption gegen ihn vor. Die französische Polizei hat bereits mehrere seiner Luxusautos konfisziert. Im Februar 2012 durchsuchte sie sein Haus in Paris und beschlagnahmte Güter im Wert von mehreren Dutzend Millionen Euro. Der Wert der Immobilie in der noblen Avenue Foch wird mit über 500 Millionen Euro veranschlagt.

Vielleicht soll der Playboy durch zarte Diktatorenbande gezähmt werden. Seit geraumer Zeit kursiert hartnäckig das Gerücht, er sei liiert mit Prinzessin Sikhanyiso, der Tochter König Mswatis III. von Swasiland. Die Prinzessin steht auf der *Forbes*-Liste der »World's hottest young Royals«. Vielleicht hat Teodorin durch das Verhältnis mit der Rapperin Eve seine musikalische Ader entdeckt, auf jeden Fall hat sich auch Sikhanyiso an einer musikalischen Karriere versucht. Unter anderem arbeitete sie mit dem südafrikanischen Rapper Zuluboy zusammen. König Mswati und Präsident Mbasogo sind gute Freunde und besuchen sich regelmäßig. Sollten ihre Kinder wirklich zueinanderfinden, knüpfen zwei von Afrikas traditionsreichsten Diktaturen engere Bande.

Sex, Drogen und schnelle Autos

Auch in den arabischen Diktaturen lebt meist die gesamte Großfamilie des Staatsoberhauptes in Saus und Braus. 2004 raste ein sturzbetrunkener Hannibal al-Gaddafi in seinem schwarzen Porsche mit 150 Sachen über die Champs-Élysées – über rote Ampeln und auf der falschen Fahrbahnseite. Als die Polizei ihn anhielt, kamen sofort sechs Leibwächter in anderen Autos und begannen eine Schlägerei mit den Polizisten. Ein Jahr später verprügelte Hannibal eine Freundin, die ihn nicht in ihr Hotelzimmer lassen wollte. Er schlug das 24-jährige Model krankenhausreif.

In den Ölstaaten Nordafrikas sowie des Nahen Ostens regieren etliche Autokraten, die die Staatskasse als ihre persönliche Schatzkiste begreifen. Eine ganze Generation von Prinzen wächst dort in einem Luxus ohnegleichen auf. Sie sind über das Gesetz erhaben, und die Welt liegt ihnen zu Füßen. Kein Wunder, dass ihr Leben ein endloses Fest oder voller Skandale ist.

Kaum einer hat sich in dieser Rolle so gut zurechtgefunden wie die vielen Söhne Muammar al-Gaddafis. Der Bad Boy des Clans ist zweifelsohne Hannibal, der in Frankreich so oft mit der Polizei in Konflikt geriet, dass das Außenministerium schließlich eine Warnung an die libyschen Behörden schickte. Es stellte klar, dass Hannibal keinesfalls diplomatische Immunität genoss, wie er jedes Mal vor der Polizei behauptete.

Und dies war oft der Fall. Als die Polizei nach dem Angriff auf seine Freundin ins Hotel kam, zog Hannibal eine goldene Pistole. Die Polizisten überredeten ihn, die Waffe abzugeben, worauf Hannibal sich in das nahe gelegene Hotel Royal Monceau zurückzog. Dort begann er, das Mobiliar zu zertrümmern, sodass die Polizei erneut ausrücken musste. Wieder berief sich

Hannibal auf seine vermeintliche Immunität, und die Beamten zogen unverrichteter Dinge ab. Erst nachdem das Außenministerium die Sache klargestellt hatte, musste Gaddafis Sohn vor Gericht und wurde zu vier Monaten auf Bewährung verurteilt.

Die schlimmsten Folgen hatte ein Vorfall in der Schweiz, wo Hannibal und seine hochschwangere Frau wegen Misshandlung zweier Bediensteter verhaftet wurden. Libyen reagierte mit der Schließung aller Schweizer Firmen, verhaftete zwei eidgenössische Geschäftsleute und verwies die Schweizer Diplomaten des Landes. Vor allem aber drohte Gaddafi, den Ölhahn abzudrehen.

Hannibal war wohl der wildeste Sohn des Oberst, aber er war nicht der einzige, der Sinn für schöne Frauen und teuren Champagner hatte. An Silvester 2009 wurde sein Bruder Mutassim auf der Karibikinsel St. Barts bei einer privaten Riesenparty fotografiert, auf der das Popsternchen Beyoncé Knowles ein Konzert für die Gäste gab, unter denen auch Bon Jovi, Jay-Z, Usher und Lindsay Lohan waren.

In Tunesien hat sich vor allem der Schwiegersohn des Expräsidenten Zine el-Abidine Ben Ali als Playboy und Lebemann hervorgetan. Viele sahen Sakher El Materi, der mit Ben Alis jüngster Tochter verheiratet ist, bereits als Nachfolger des Präsidenten. Briefe amerikanischer Diplomaten, die durch WikiLeaks an die Öffentlichkeit gerieten, geben einen Einblick in die Extravaganzen des Geschäftsmannes. Nach einem Abendessen beim Schwiegersohn des Präsidenten berichtete der US-Botschafter, Eis und Frozen Yoghurt seien frisch aus Saint-Tropez eingeflogen worden und der Gastgeber habe – wie Saddam Hussein – einen Tiger als Haustier. El Materis Zukunftspläne nahmen eine unerwartete Wendung, als in Tunesien 2011 der Arabische Frühling begann und das Volk den korrupten Präsidenten samt Familie verjagte.

Während nordafrikanische Diktatorenkinder ihr Bestes tun, um wie Prinzen zu leben, machen einige echte Königskinder aus der arabischen Welt ihrem Titel alle Unehre. 2005 wurde der heutige Emir von Ra's al-Chaima (Vereinigte Arabische Emirate/VAE), Scheich Sa'ud ibn Saqr al-Qasimi, in den USA festgenommen, weil er in seiner Penthousesuite eine Putzhilfe belästigt hatte. Er hatte ihr 5000 Dollar für eine Nacht geboten. Nach einem Wochenende in Untersuchungshaft kam der Prinz wieder frei und reiste sofort nach Hause.

Für Scheich Mohamed bin Sultan bin Mohamed al Qasimi, den ältesten Sohn des Emir von Schardscha (ebenfalls VAE), nahm das Playboyleben ein tödliches Ende. Im Juni 1999 wurde der 24-Jährige tot im Badezimmer seines Hauses in London gefunden, mit einem Riemen um den Unterarm und Spritzen neben ihm auf dem Boden. Der Prinz war zum Junkie geworden, nachdem er von der Arizona University geflogen war.

In Saudi-Arabien kontrolliert das Königshaus sowohl die Politik als auch die enormen Ölvorkommen des Landes, was den äußerst zahlreichen saudischen Prinzen einen Hang zum süßen Leben gebracht hat. Der Wahhabismus, eine streng konservative Glaubensrichtung des Islams, ist dort Staatsreligion. Er verbietet Alkohol und mahnt zu einem puritanischen Lebensstil, was selbstverständlich nicht für die Königsfamilie gilt. Von WikiLeaks veröffentlichte diplomatische Berichte zeugen von »Sex and Drugs and Rock 'n' Roll« hinter verschlossenen Türen.

Ein Brief des amerikanischen Konsulats in Dschidda beschreibt ein Halloweenfest in der Villa eines Prinzen, auf dem der Alkohol in Strömen floss und etliche Prostituierte geladen waren. Auch wenn keine anderen Drogen dort nachgewiesen

wurden, seien Hasch und Kokain in dieser Bevölkerungs-
schicht gang und gäbe, so der Verfasser des Briefes. »Obwohl
dies nach saudischem Gesetz streng verboten ist, war die Bar
bestens sortiert. Die eigens zu diesem Zweck eingeflogenen
philippinischen Bartender servierten einen Punsch mit Sadiqi,
einer Art selbstgebranntem Schnaps. Viele der weiblichen
Gäste seien Prostituierte, hieß es.« Die Moral der Geschichte
muss wohl lauten, dass Moralregeln nur für das Volk gelten,
nicht aber für Sie als Diktator oder Angehöriger eines solchen.

Prostituierte, Drogen und Schmusetiger sind ein fast harmlo-
ser Spaß im Vergleich zu den Gräueltaten einzelner arabischer
Prinzen, die 2009 ans Licht kamen. Ein aus den Vereinigten
Arabischen Emiraten geschmuggeltes Video zeigt, wie Scheich
Issa bin Zayed al Nahyan, der Bruder des Emirs von Abu Dhabi, einen afghanischen Händler, der ihn betrogen haben soll,
mit einer Peitsche, einem mit Nägeln versehenen Brett und einem Brandeisen foltert. Das Opfer wird mit Klebeband gefes-
selt, und der Scheich streut Salz in seine Wunden.

»Alle Regeln, Richtlinien und Abläufe wurden korrekt eingehalten«, ließ der Innenminister der Emirate verlauten, der
zufällig ebenfalls ein Bruder des Täters ist. Bei der Untersu-
chung des Vorfalls wurde Scheich Issa beschuldigt, mindestens 25 weitere Personen vor laufender Kamera malträtiert zu
haben.

Prinz Saud Abdulaziz bin Nasser al Saud, ein Enkel des saudischen Königs Abdullah, wurde 2011 in Großbritannien wegen
Mordes an seinem Diener zu lebenslanger Haft verurteilt. Die
beiden hatten in der Bar ihres Fünf-Sterne-Hotels Champagner
und »Sex-on-the-Beach«-Cocktails getrunken, bevor sie auf
das Zimmer des Prinzen gingen. Dort wurde der Diener miss-
handelt, bis er starb. Der Prinz hatte ihn schon seit Langem

brutal behandelt, die Hotelangestellten berichteten, dass er mit ihm wie mit einem Sklaven umging. Bei der Gerichtsverhandlung kam heraus, dass die beiden ein sexuelles Verhältnis hatten und der Prinz öfter männliche Prostituierte anheuerte. Die Anwälte wandten mehr Energie auf, um die Homosexualität des Prinzen zu widerlegen, als seine Unschuld zu beweisen, vielleicht weil Homosexualität in Saudi-Arabien mit dem Tode bestraft wird. Doch auch hier zeigt sich, dass für Mitglieder der königlichen Familie andere Regeln gelten, denn im März 2013 konnte der Prinz im Rahmen eines Überstellungsabkommens in seine Heimat zurückkehren. Ob er die restliche Strafe dort absitzt, darf bezweifelt werden.

Auch im benachbarten Sultanat Oman hat man Sinn für den Zusammenhalt von Herrscherfamilien. Dort nämlich haben Hannibal al-Gaddafi, zwei seiner Brüder und seine Mutter inzwischen Asyl erhalten.

Diktator ist ein Beruf, den Sie nicht nur zu Ihrem eigenen Vergnügen ausüben, sondern auch zum Wohl Ihrer Nächsten!

10. Wie man sich rechtzeitig aus dem Staub macht

Wenn Sie den Vorbildern folgen, die in den bisherigen Kapiteln beschrieben wurden, sollten Sie ein guter Diktator werden. Sie werden rasch sehen, welche Vorteile Ihr Amt gegenüber dem demokratisch gewählter Kollegen hat. Aller Wahrscheinlichkeit nach werden Sie länger an der Macht bleiben als diese, Sie werden schneller reich, können sich als Gott anbeten lassen und hemmungslos im Machtrausch schwelgen. Eins jedoch sollte jedem Diktator klar sein: Das Ende Ihrer politischen Karriere kann schnell kommen. Seien Sie für alle Fälle vorbereitet.

Haben Sie erfolgreich alle Coups verhindert und sind allen Attentaten entgangen, gibt es zwei Möglichkeiten: Entweder Sie bleiben an der Macht, bis Sie sterben, oder Sie treten freiwillig ab und übergeben Ihr Amt an einen Nachfolger Ihrer Wahl. Nur wenige Diktatoren entscheiden sich für Letzteres. Die meisten kleben an ihrem Stuhl oder Thron, bis sie die Löffel abgeben. In einer Monarchie scheint es selbstverständlich, dass der König, Emir, Sultan, Fürst oder wer auch immer Staatsoberhaupt auf Lebenszeit bleibt. Die Erbfolge ist geregelt, und selbst wenn Sie aus Gesundheitsgründen die Geschäfte abgeben, behalten Sie Ihren Titel.

Andere Diktatoren haben es da schwerer. Hier kann ein Abtritt als Staatsoberhaupt ernsthafte Konsequenzen haben. Sie riskieren zum Beispiel Beschuldigungen im Nachhinein: Menschenrechtsverletzungen, Korruption, Nepotismus, Wahlbetrug und ungesetzliche Machtergreifung. Ein Diktator, der freiwillig abtritt, läuft Gefahr, irgendwann wegen Verbrechen gegen die Menschlichkeit vor Gericht zu landen. Es wird immer kleinliche und neidische Menschen geben, die sich von Ihrer Regierung nicht ausreichend repräsentiert fanden.

Außerdem besteht immer die Gefahr eines Machtkampfs, wenn ein Diktator das Handtuch wirft. Meist stehen schon mehrere Möchtegern-Nachfolger in den Startlöchern. Eine solche Situation könnte das Volk leicht zum Aufruhr nutzen. Deshalb ist es klüger, vorher einen Erben zu bestimmen und ihn auf sein Amt vorzubereiten. Selbst dann besteht noch die Frage, ob Ihr Auserwählter auch loyal ist. Er könnte leicht auf die Idee kommen, Ihnen einen Dolch in den Rücken zu stoßen, wenn die Gelegenheit günstig ist. Aus diesem Grund gehen die wenigsten Diktatoren in Pension, es sei denn, sie finden einen sicheren Alterssitz im Ausland.

Ein Diktator im Ruhestand ist am besten in einem freundlich gesinnten Zweitland aufgehoben. Ähnlich wie deutsche Rentner, die sich in Spanien niederlassen, sucht er ein mildes Klima – allerdings ist für ihn das politische Klima wichtiger.

Eine goldene Regel für Exdiktatoren lautet: Gestehen Sie niemals Fehler ein. Alles, was Sie getan haben, geschah zum Besten Ihres Volkes. Wer Ihnen Menschenrechtsverletzungen, Folter und Mord vorwirft, ist ein Lügner. Im ärgsten Notfall können Sie behaupten, Sie hätten keine andere Wahl gehabt, wie General Wojciech Jaruzelski, der letzte Staatsratsvorsitzende der Volksrepublik Polen: »Sie sagen, ich sei ein Mörder. Aber ich war Politiker. Ich hatte meine Ideale. Ich glaubte an den Sozialismus. Wenn ich schuldig bin, ist meine gesamte Generation schuldig. Alle hätten an meiner Stelle dasselbe getan.«

Oder Sie behaupten, Sie hätten sich im Krieg befunden, wie Äthiopiens Exdiktator Mengistu Haile Mariam, der sich seit 1991 auf Dauerbesuch bei seinem Kollegen Robert Mugabe in Simbabwe befindet: »Ich bin ein Mann des Militärs. Was ich getan habe, tat ich nur, um das Land vor Tribalismus und Feudalismus zu retten. Wenn ich gescheitert bin, dann nur, weil ich verraten wurde. Was sie ›Völkermord‹ nennen, war nichts anderes als ein gerechter Krieg zur Verteidigung der Revolution und eines Systems, das für alle am besten war.«

Oder Sie schieben die Schuld auf Welt- oder Kolonialmächte wie Kaiser Jean-Bédel Bokassa: »Ich habe nicht getan, was Frankreich wollte. Deshalb haben sie mich entmachtet.«

Ein Exdiktator kann nicht einfach irgendwohin reisen. Viele Länder weigern sich, Despoten aufzunehmen, in manchen droht gar Strafverfolgung. Stellen Sie sich vor, man würde Sie zurück in Ihr Heimatland schicken! Doch glücklicherweise gibt es immer Länder, die Sie mit offenen Armen empfangen.

Frankreich war lange Zeit ein Traumland für abgesetzte Diktatoren, speziell aus den ehemaligen Kolonien des Landes. Auch Kaiser Bokassa landete letztendlich im Land seines Vorbilds Napoleon. Französische Einheiten starteten die »Operation Barrakuda« am 20. September 1979, während der Kaiser auf Staatsbesuch bei Gaddafi war. Sie setzten Bokassas Vorgänger David Dacko wieder ein – der sich selbstverständlich auch im französischen Exil befunden hatte. Der Kaiser floh zuerst in die Elfenbeinküste, wo Präsident Félix Houphouët-Boigny ihm zweimal täglich warme Mahlzeiten aus einem Hotel bringen ließ. Bokassa saß in seiner Luxusvilla in Abidjan und vertrieb sich die Zeit mit Marschmusik von einer Platte des französischen Marineorchesters. Er bat seinen alten Freund Gaddafi um Asyl, aber dieser hatte alle Hände voll mit Idi Amin zu tun, der gerade aus Uganda verjagt worden war.

Zwei Jahre später zog Bokassa nach Paris. Dort löste er einen Skandal aus, als er seine Memoiren herausgeben wollte. Darin behauptet Bokassa, der damalige französische Präsident Valéry Giscard d'Estaing, der oft in der Zentralafrikanischen Republik zu Besuch war, habe mit denselben Frauen geschlafen wie er. Außerdem habe er Giscard 1973, als dieser Finanz- und Wirtschaftsminister war, Diamanten im Wert von 250 000 Dollar geschenkt. Giscard verlor die nächste Präsidentschafts- wahl, wahrscheinlich wegen des Skandals. Leider bekam nie- mand Bokassas Buch zu lesen. Die gesamte Auflage wurde aufgrund eines Gerichtsurteils makuliert.

Auch Jean-Claude »Baby Doc« Duvalier ging nach seinem Sturz ins französische Exil. In den Achtzigerjahren erreichte die Unzufriedenheit der haitianischen Bevölkerung einen Hö- hepunkt, aber erst während des landesweiten Aufstands im Herbst 1985 sah »Baby Doc« ein, dass seine Zeit als Diktator vorbei war. In der Stadt Gonaïves inszenierten Aufständische sein Begräbnis mit echten Gebeinen. Ein Grabstein bekam die Inskription »Jan Clod Min Place Ou« – »Jean-Claude, das ist dein Platz«. Duvalier verließ Haiti am 27. Februar 1986 mit Kurs auf Frankreich. Eigentlich wollte er lieber in die USA, die ihm jedoch politisches Asyl verweigerten. Selbst Frankreich wollte den Despoten ungern behalten und gab ihm zunächst eine Aufenthaltsgenehmigung für eine Woche, in der Hoffnung, ein anderes Land würde ihn beherbergen – was nicht der Fall war.

Duvalier und seine Frau Michèle mieteten ein Haus an der Côte d'Azur und zogen mit ihren zwei Kindern dort ein. Die Iro- nie des Schicksals bestimmte, dass ihr Nachbar der britische

Autor Graham Greene war, der mit *Die Stunde der Komödianten* einen satirischen Roman über Duvaliers Vater »Papa Doc« Duvalier geschrieben hatte.

Im Lauf seiner Regierungszeit hatte »Baby Doc« enorme Summen außer Landes geschafft (nach haitianischen Angaben 900 Millionen Dollar), aber ein Großteil des Vermögens verschwand auf mysteriöse Weise. Mehrere Konten in Großbritannien und der Schweiz wurden auf Antrag der neuen haitianischen Behörden gesperrt, aber auf ihnen lag nur ein Bruchteil dessen, was er sich unter den Nagel gerissen hatte. Wahrscheinlich kassierte Michèle einen Löwenanteil, als das Paar sich 1993 scheiden ließ. Seit ihrer Hochzeit hatte sie die Finanzen der Familie streng kontrolliert.

Im Jahr 1994 war Duvalier pleite. Nicht einmal die Hausmiete konnte er mehr bezahlen. Die France Telecom stellte ihm das Telefon ab. Er zog von Ort zu Ort und lebte mit seiner neuen Partnerin Veronique Roy aus Koffern. Sie ist die Enkelin Paul Magloires, der Haiti von 1950 bis 1956 regierte, aber sie war nie dort gewesen, bevor sie den Exdiktator traf. Im Januar 2011, kurz nach dem schrecklichen Erdbeben auf Haiti, kehrte »Baby Doc« auf die Insel zurück. Er behauptete, er wolle seinen Landsleuten helfen. Zwei Tage später wurde er verhaftet und wegen Korruption, Veruntreuung und Diebstahls angeklagt. Kurz darauf wurde er auf freien Fuß gesetzt, aber er darf Haiti nicht verlassen. Vielleicht erwartet den Diktator ein noch ernsterer Prozess, denn viele Haitianer haben ihn wegen Folter und Menschenrechtsverletzungen verklagt.

Valentine Strasser kam, wie berichtet, 1992 mehr oder weniger zufällig in Sierra Leone an die Macht. Am 18. Januar 1996 verließ er die Hauptstadt Freetown, um eine Militärparade in Benguema abzunehmen. Als er am selben Nachmittag zurückkam und an einem Treffen im Verteidigungsministerium teilnehmen wollte, wurde er verhaftet und sofort in einen Hubschrauber gesetzt, der ihn ins Nachbarland Guinea brachte – genau wie Strasser es vier Jahre zuvor mit seinem Vorgänger Joseph Momoh getan hatte. Sein Vizekommandant Julius Maada Bio übernahm die Präsidentschaft.

Strasser selbst behauptet, seine Absetzung sei kein Coup gewesen, sondern er sei nach zehn Jahren Militärdienst freiwillig gegangen. Im Rahmen der Friedensverhandlungen für Sierra Leone bekamen frühere Mitglieder der Junta das Angebot, in Großbritannien zu studieren. Auch Strasser war dabei, obwohl er zu dieser Zeit bereits abgesetzt war.

In England studierte er Jura an der Warwick University, doch 1998 gab er das Studium auf, weil er es satthatte, in der Zeitung zu lesen, er sei ein Exdiktator, der Menschenrechte verletzt habe. Strasser zog nach London, aber nachdem der *Guardian* gefragt hatte, warum ein früherer Diktator in England leben dürfe, zog er nach Gambia und von dort zurück in die alte Heimat.

Heute wohnt der Altdespot bei seiner Mutter im Dorf Grafton bei Freetown. Nachmittags sitzt er auf der Terrasse und trinkt Gin aus einer Plastiktasse. Die Tage als Discokönig sind vorüber, und er muss mit der Pension von 35 Euro im Monat auskommen, die ihm die Regierung von Sierra Leone großzügig gewährt.

Willkommen im Dschungel

Wenn »Baby Doc« in Haiti vor Gericht gestellt und verurteilt wird, tritt er einem exklusiven Zirkel bei, denn die wenigsten Diktatoren landen wirklich im Knast. Einer dieser Unglücklichen, die von Land zu Land geschickt werden und vielleicht den Rest ihres Lebens hinter Gittern verbringen müssen, ist Manuel Noriega. Er hat eine militärische Ausbildung in den USA genossen und lange Zeit eine Doppelkarriere als CIA-Agent und Drogenschmuggler für das berüchtigte Medellín-Kartell verfolgt. 1983 ernannte er sich selbst zum General und wurde de facto Diktator in Panama, obwohl Präsident Ricardo del la Espriella das eigentliche Staatsoberhaupt war.

Noriega hatte wohl in der Diktatorenschule geschlafen, als Wahlbetrug auf dem Lehrplan stand, denn bei den Präsidentschaftswahlen 1989 wurden so viele Unregelmäßigkeiten aufgedeckt, dass er die Wahl annullieren musste. Sein Kandidat Carlos Duque hingegen sah die Niederlage ein und wollte das Präsidentenamt nicht antreten.

Mehrere Konfrontationen mit den USA führten im Lauf der folgenden Monate dazu, dass die USA am 20. Dezember 1989 Panama besetzten. Noriega suchte in der Botschaft des Vatikans Zuflucht, worauf die Amerikaner die Botschaft umzingelten und Tag und Nacht mit Hardrock auf Volllautstärke beschallten. Unter anderem erklangen Van Halens »Panama« und »Welcome to the Jungle« von den Guns N' Roses. Am 3. Januar 1990 hatte Noriega die Ohren voll und ergab sich. 1992 wurde er wegen Drogenschmuggels, organisierter Kriminalität und Geldwäsche zu insgesamt vierzig Jahren Haft verurteilt. Die Strafe wurde später auf dreißig Jahre reduziert.

Einen Teil der Strafe saß Noriega in Florida ab, wo ihn im Jahr 2000 eine Anfrage des italienischen Journalisten Riccardo Orizio erreichte. Orizio recherchierte für das Buch *Allein mit dem Teufel*, in dem er sieben Exdiktatoren porträtiert. Noriega antwortete: »Auf die Anfrage bezüglich Ihres Buchprojektes über ›vergessene Individuen‹ – Sie meinen frühere Staatsoberhäupter, denen man die Schuld an gewissen Problemen in ihren Ländern gibt – muss ich antworten, dass ich mich nicht als solches betrachte, weil Gott, der große Schöpfer des Universums, der alles Recht schreibt (wenn auch manchmal unleserlich), noch nicht das letzte Wort über MANUEL A. NORIEGA geschrieben hat.«

Er sollte recht behalten, denn das letzte Wort war keineswegs gesagt. Als er 2007 wegen guter Führung vorzeitig entlassen wurde, erwarteten ihn weitere Prozesse. Die französische Justiz hatte ihn in absentia zu zehn Jahren Haft wegen Geldwäsche verurteilt. Wie viele seiner Kollegen hatte Noriega eine Vorliebe für Frankreich gehegt und Drogengelder durch Wohnungskäufe in Paris weißgewaschen. Der Exdiktator wurde unter der Bedingung ausgeliefert, dass der Prozess neu aufgerollt würde. Noriega wurde zu sieben weiteren Jahren Haft verurteilt, und 2,3 Millionen Euro von französischen Konten wurden konfisziert.

Damit nicht genug, denn auch in Panama war Noriega 1995 wegen Mordes und Menschenrechtsverletzungen zu zwanzig Jahren Haft verurteilt worden. 2011 – im Alter von 77 Jahren – wurde er direkt aus der französischen Zelle nach Panama überführt, wo der Prozess in eine neue Runde geht. Die Chancen, sein Leben außerhalb der Gefängnismauern zu beenden, stehen schlecht.

Nicht besser erging es dem eingangs erwähnten liberianischen Kriegsherrn und Despoten Charles Taylor. Er ist das erste afrikanische Staatsoberhaupt, das von einem internationalen Tribunal für Kriegsverbrechen schuldig gesprochen wurde. Am 30. Mai 2012 verurteilte ihn der Sondergerichtshof für Sierra Leone in Den Haag wegen Kriegsverbrechen und Verbrechen gegen die Menschlichkeit zu fünfzig Jahren Haft.

Dennoch gehören Manuel Noriega und Charles Taylor zu den unglücklichen Ausnahmen. Die allermeisten Diktatoren verhandeln einen ehrenvollen Abgang ins Exil, wenn sie spüren, dass ihnen die Macht entgleitet.

Leider verhält es sich so, dass sehr viele Diktatoren im Dienst ums Leben kommen. Das Berufsrisiko ist zweifelsohne hoch. Wie wir gesehen haben, wurde Francisco Macías Nguema in Äquatorialguinea 101-mal zum Tode verurteilt und hingerichtet. Muammar al-Gaddafi wurde auf der Flucht von den Aufständischen erschossen, die Bilder seiner blutigen Leiche gingen um die Welt. Das Ehepaar Ceaușescu wurde im Dezember 1989 von ihren undankbaren Untertanen gefangen genommen und im Schnellverfahren zum Tode verurteilt. Und so weiter.

Nach über dreißig Jahren an der Spitze der Dominikanischen Republik hatte Rafael Trujillo sich jede Menge Feinde gemacht. Die Regierung Kennedy wollte ihn loswerden, und der CIA versuchte vergeblich, ihn zu beseitigen. Auch die dominikanische Elite hatte die Unterdrückung satt. Letztendlich jedoch erledigten ein paar von Trujillos eigenen Leuten die Sache auf ihre Weise.

Trujillo wurde am 30. Mai 1961 in bestem Mafiastil ermordet. Er war auf dem Weg von seiner Tochter Angelita in das Restaurant »El Pony«. Kurz vor der Hauptstadt Ciudad Trujillo wurde der Wagen überfallen und mit Kugeln durchsiebt. Der Diktator stieg schwer verletzt aus und wollte zurückschießen, wurde aber von einem weiteren Kugelhagel niedergestreckt. Die vier Attentäter waren hohe Militärs. Sie hatten geplant, die Macht zu übernehmen, aber der Coup schlug fehl, weil ihre Mitverschwörer unbedingt die Leiche Trujillos sehen wollten, bevor sie sich als neue Herrscher ausriefen. Sie waren sicher, dass der Coup misslingen würde, wenn »El Jefe« überlebte. Den Attentätern war es jedoch zu gefährlich, den Toten im Kofferraum eines Chevrolets durch eine Stadt zu transportieren, in der an jeder Ecke Polizisten und Sicherheitskräfte lauerten. Der Staatsstreich wurde abgeblasen, und Trujillos Sohn Ramfis übernahm die Macht. Er konnte sich jedoch nicht lange halten, und noch im selben Jahr verließ die Familie mit Trujillos Luxusjacht und dessen Leichnam die Insel mit Kurs auf Frankreich. Die sterblichen Überreste des Diktators wurden später umgebettet und liegen heute auf einem Friedhof bei Madrid.

Manchmal holt die Vergangenheit abgedankte Diktatoren noch im Exil ein. Anastasio »Tachito« Somoza Debayle übernahm die Macht in Nicaragua 1967 nach dem Tod seines Bruders Luis Anastasio. Luis hatte das Amt von seinem Vater Anastasio »Tacho« Somoza García geerbt. Das Geschlecht der Somozas regierte Nicaragua von 1936 bis 1979. Der amerikanische Präsident Franklin D. Roosevelt soll über den Despoten gesagt haben: »Somoza mag ein Hurensohn sein, aber er ist *unser* Hurensohn.« Diese Aussage wurde zum geflügelten Wort und später verschiedenen US-Präsidenten mit beliebig austauschbaren Diktatoren in den Mund gelegt.

In den Siebzigerjahren verlor »Tachito« die amerikanische Unterstützung. Kein westliches Land wollte ihm mehr behilflich sein, und so verjagten ihn die Sandinisten 1979 aus Nicaragua. Er flog zuerst nach Miami, wo ihn US-Grenzbeamte abwiesen. Mit eingeklemmtem Schwanz floh er nach Paraguay zu seinem Kollegen Alfredo Stroessner, der ihn mit offenen Armen aufnahm. Er kaufte eine Farm und eine Villa in der Hauptstadt Asuncíon und bereitete sich auf ein stilles Rentnerdasein vor.

Doch die Sandinisten wollten ihn nicht ungestraft davonkommen lassen. Unter dem Codenamen »Operation Reptil« planten sie ein Attentat auf den Diktator im Ruhestand. Am 17. Dezember schlugen sie zu, bewaffnet mit zwei Kalaschnikows, Pistolen und Granatwerfern. Sie lauerten vor Somozas Haus und warteten auf seinen Mercedes. Die erste Granate ging vorbei, weshalb sie den Chauffeur erschossen und nachluden. Die zweite traf ins Schwarze und zerfetzte Somoza und seine zwei Begleiter. Der Diktator war so zerstückelt, dass man ihn bei der Obduktion nur anhand seiner Füße identifizieren konnte. Lediglich ein Attentäter, Hugo Irarzun, wurde gefasst, die sechs anderen entkamen.

Etliche Diktatoren sind unter ungeklärten Umständen ums Leben gekommen. Der Tod eines Tyrannen löst fast immer Spekulationen aus und gebiert Mythen, denn kein Despot regiert ohne Feinde oder Rivalen. Sani Abacha, der 1993 in Nigeria an die Macht kam, war einer dieser Fälle. Er ist als einer der korruptesten Staatschefs aller Zeiten in die Geschichte eingegangen. Seit 1963 war er Berufsoffizier und hatte bei mehreren Militärputschs die Hand im Spiel.

Abacha starb am 8. Juni 1998 in seiner Residenz in der Hauptstadt Abuja. Die offizielle Todesursache war ein Herzinfarkt, doch der Diktator wurde nach islamischer Tradition noch am selben Tag ohne Obduktion begraben. Es gilt als sicher, dass er an jenem Morgen Besuch von einer Gruppe indischer Prostituierter hatte (sechs von ihnen waren extra aus Dubai eingeflogen). Dieser Umstand hat zu dem Gerücht geführt, er sei vergiftet worden. Andere behaupten, er habe es schlicht und einfach bis zum Herzstillstand getrieben.

Abachas gründlich betrogene Frau Maryam wurde am Flughafen von Lagos mit 38 Koffern voll ausländischem Bargeld im Wert von 100 Millionen Dollar verhaftet.

Eingemachte Diktatoren

In manchen Ländern ist es Tradition, verstorbene Diktatoren auf die ein oder andere Weise zu konservieren. Der Trend begann mit dem Begründer der Sowjetunion, Wladimir Iljitsch Lenin, der nach seinem Tod 1924 ausgestopft wurde. Schon damals wurde vorgeschlagen, Lenins Leichnam kryogenisch zu bewahren, das heißt, ihn einzufrieren, um ihn möglicherweise wiederzubeleben, wenn die Medizin so weit sei. Eine entsprechende Diktatoren-Kühltruhe war bereits gekauft, doch dann entschied das Politbüro, den Leichnam einzubalsamieren und zur Schau zu stellen. Noch heute liegt er in seinem Mausoleum auf dem Roten Platz in Moskau. In regelmäßigen Abständen wird er in Konservierungsflüssigkeit gebadet. Damit die Haut nicht schwarz wird, muss sie mit speziellen Chemikalien eingerieben werden. Es heißt, dass etliche Körperteile in der Zwischenzeit durch künstliche ersetzt worden seien. (Lenins Gehirn wurde bereits 1924 zu wissenschaftlichen Zwecken entnommen.)

Chinas großer Vorsitzender Mao Zedong wünschte in aller Bescheidenheit, kremiert zu werden, doch als er 1976 starb, beschloss die Regierung, ihn dennoch einzubalsamieren. Leider hatte Maos Leibarzt nie zuvor eine Leiche balsamiert und begann etwas zu spät mit der Arbeit. Zur Sicherheit injizierte er doppelt so viel Formaldehyd wie notwendig, und Mao wurde aufgeblasen wie ein Michelin-Männchen. Die Ärzte massierten den Toten, um den Schaden zu beheben, doch dabei fiel die Gesichtshaut ab. Das Gesicht wurde mit Wachs repariert. Manche behaupten, im Pekinger Mao-Mausoleum liege überhaupt nur eine Wachsfigur.

Viele weitere Diktatoren wurden konserviert und sind oder waren in Schneewittchen-Särgen zu besichtigen: Ferdinand

Marcos, der tiefgekühlt und vergeblich auf ein Grab im philippinischen Ehrenfriedhof wartet; Kim Il-sung, der gemeinsam mit seinem Sohn Kim Jong-il im größten kommunistischen Mausoleum der Welt ruht; Georgi Dimitrow (Bulgarien), dessen Mausoleum in Sofia 1990 der Wende zum Opfer fiel; Klement Gottwald (Tschechoslowakei), dessen Mumie leider nur von 1953 bis 1962 hielt – und viele andere.

Der argentinische Diktator Juan Perón beschloss 1952, dass seine jung verstorbene Frau Eva Duarte Perón – besser bekannt als Evita – balsamiert werden sollte. Sie wurde mit Glycerol vollgepumpt und in seinem Büro ausgestellt. Perón wollte ihr ein Mausoleum und Monument errichten, das größer als die Freiheitsstatue in New York werden sollte. Leider wurde er 1955 vom Militär gestürzt, bevor der Bau vollendet war. Evitas Leichnam verschwand, wurde aber 1971 in einer Gruft in Mailand wiedergefunden und zu ihrem Mann gebracht, der mit seiner neuen Frau im spanischen Exil lebte. Das Paar bahrte die Tote im Esszimmer auf und lebte in einem bizarren Dreiecksverhältnis, bis Evita schließlich nach Buenos Aires in die Familiengruft der Duartes überführt wurde.

Wie Sie gesehen haben, ist der Beruf des Diktators nicht ungefährlich. Andererseits haben Sie viel zu gewinnen, wenn Sie alles richtig machen. Kein demokratisch gewählter Politiker hält sich so lange an der Macht wie die besten Alleinherrscher. Folgende kleine Statistik der Rekordinhaber soll Sie beruhigen und inspirieren: In Kamerun regiert Paul Biya seit 1975 (zuerst als Premierminister, seit 1982 als Präsident, was an einen zeitgenössischen russischen Politiker erinnert). Teodoro Nguema Obiang Mbasogo herrscht seit 1979 über Äquatorialguinea, Robert Mugabe seit 1980 über Simbabwe. Yoweri Museweni hält sich seit 1986 als Präsident von Uganda.

Einige königliche Diktatoren sind noch länger an der Macht: Hassanal Bolkiah erbte den Thron von Brunei 1967, Quabus ibn Said ist seit 1970 Sultan von Oman.

Wenn Sie es schaffen, sich in Ihrem Traumberuf als Diktator zu etablieren, ist Ihnen ein spannendes Leben sicher. Sie genießen absolute Macht, Ihre Untertanen beten Sie wie einen Gott an, und Sie können sich hemmungslos bereichern. Lassen Sie uns mit den Worten eines erfahrenen Amtsinhabers abschließen, die die Vorteile der Diktatur klug zusammenfassen. Noch 1988, zwei Jahre nach Amtsantritt, machte sich Yoweri Museweni bei seinen afrikanischen Kollegen durch folgende Aussage unbeliebt: »Das Problem in Uganda, wie auch in Afrika allgemein, ist nicht das Volk, sondern seine Führer, die zu lange an der Macht sitzen.« Im Februar 2012 hatte er seine Meinung längst geändert: »Manche glauben, es sei schlecht, wenn einer zu lange regiert. Aber je länger man an der Macht ist, desto mehr lernt man. Heute bin ich ein Experte im Regieren.«

Literatur

Cawthorne, Nigel: *Sex Lives of the Dictators*, Prion 2004

Derby, Lauren: *The Dictator's Seduction: Politics and the Popular Imagination in the Era of Trujillo*, Duke University Press 2009

Diederich, Bernard, und Al Burt: *Papa Doc & the Tontons Macoutes*, Markus Wiener Publishers 2005

Gaddafi, Muammar al-: *Das grüne Buch*, Bublies 1990

–, *Escape To Hell and Other Stories*, Blake Publishing Ltd 1999

–, *Das Dorf, das Dorf, die Erde, die Erde und Der Selbstmord des Astronauten*, Belleville 2004

Hebditch, David, und Ken Connor: *Wie man einen Militärputsch inszeniert*, Ares Verlag 2006

Holland, Heidi: *Dinner with Mugabe. The Untold Story of a Freedom Fighter who Became a Tyrant*, Penguin Books 2008

Hussein, Saddam: *Zabibah und der König*, Edition de Facto 2004

Kim Il-sung: *Sea of Blood*, unbekannter Verlag 1971

Kim Jong-il: *On the Art of the Cinema*, University Press of the Pacific 2001

–, *On the Art of the Opera*, University Press of the Pacific 2001

Kinzer, Stephen: *A Thousand Hills: Rwanda's Rebirth and the Man Who Dreamed It*, Wiley 2008

Luttwak, Edward: *Der Coup d'Etat oder Wie man einen Staatsstreich inszeniert*, Rowohlt 1969

Mesquita, Bruce Bueno de, und Alastair Smith: *The Dictators Handbook. Why Bad Behaviour is Almost Always Good Politics*, Public Affairs 2011

Meyers, B. R.: *The Cleanest Race: How North Koreans See Themselves – And Why It Matters*, Melville House 2011

Orizio, Riccardo: *Allein mit dem Teufel*, Hugendubel 2004

Saparmyrat, Nyýazow: *Ruhnama. Das goldene Buch der Turkmenen*, Turkmenischer Staatlicher Verlagsdienst 2005

Shaw, Karl: *The Little Book of Loony Dictators*, Sensible Shoes 2011

Titley, Brian: *Dark Age. The Political Odyssey of Emperor Bokassa*, McGill-Queen's University Press 1997

Wrong, Michela: *In The Footsteps of Mr. Kurtz. Living on the Brink of Disaster in Mobutu's Congo*, HarperCollins 2001

York, Peter: *Zu Besuch bei Diktatoren*, Heyne 2006